Cabrio-Routen rund um den Gardasee

10 ausgewählte Reiserouten
rund um den schönsten See Italiens

J. BERG

Noch einen Espreso und dann geht's los.

Inhalt

Freuen Sie sich auf Fahrspaß pur, leckere italienische Küche und hervorragende Weine.

Es lohnt sich, das Cabrio auch mal zu verlassen und den Ort zu erkunden.

Tourenüberblick

	Tour	Länge	Fahrzeit	Start	Ende
1	Bond, James Bond Teilumrundung	80 km	1 Tag	Riva	Campione
2	Zwei Täler und 1000 Kurven Durch das Arcotal	170 km	1 Tag	Torbole	Torbole
3	Ins Elbenland Ein Klassiker unter den Alpenrouten	60 km	1 Tag	Malcesine	Malcesine
4	Mal Seen sehen Tour zum Molvenosee	150 km	½ Tag	Torbole	Riva
5	Ins wildromantische Val di Daone Naturparadies pur	100 km	1 Tag	Riva	Riva
6	Entlang der Brenta-Dolomiten Zwischen hochalpin und Apfelgarten	155 km	1 Tag	Riva	Mezzocorona
7	Der Ritt durchs Hinterland Durch die Bergwelt der Gardasee-Westseite	100 km	1 Tag	Riva	Gargnano
8	Sideways Durch das Val Trompia zum Lago d'Iseo	80 km	1 Tag	Salò	Iseo
9	Auf roter Genusstour Durch Bardolino und Valpolicella	70 km	1 Tag	Garda	Verona
10	Zu den berühmten Weißweinen des Gardasees Lugana und Sommacampagna	140 km	1 Tag	Peschiera	Lazise

Ein Navi hilft – vor allem auf kleinen Nebenstraßen.

Per sempre – Lago di Garda

Die ersten Touristen am Gardasee waren die Römer, die den Lago in der Antike noch Lacus Benacus nannten. Später kamen viele andere, teils prominente Besucher wie Goethe, Nietzsche oder Prinz Charles. Die meisten Touristen kommen wieder zurück. Denn der Reiz des Gardasees ist nicht nur vielfältig, sondern vor allem: von Dauer.

Der Gardasee ist für viele der Inbegriff von schnell erreichbarem Dolce Vita, schönen Kindheitserinnerungen, Olivenhainen und Zypressen, lauen Sommerabenden mit Pizza und Wein. Nicht selten reiht sich in diese Erinnerungen auch noch eine Verliebtheit, an die man sich gerne zurückerinnert. Schuld daran ist Goethe. Er war es, der den Gardasee vor über 200 Jahren durch seine *Italienische Reise* in Deutschland populär machte. Bewiesen ist das natürlich nicht, aber Goethe bekam immerhin von der Stadt Malcesine eine Bronzestatue spendiert, die in der Scaligerburg über Malcesine zu bewundern ist.

Wissenswertes

Der Trentiner Norden zeigt eine reizvolle Verbindung von alpiner und mediterraner Landschaft. Er hat sich zum Mekka der Bergsportler und Surfer entwickelt. Vor den Städten Riva, Torbole und Malcesine weht vormittags der Nordwind Vento und nachmittags der Südwind Ora. Im venetischen und lombardischen Süden weitet sich der Lago. Das Klima ist nun ganz vom Mittelmeer beeinflusst und milder. Hier sind die Strände breiter und flacher und laden zum Baden und Faulenzen geradezu ein. Das Westufer – mit den Orten Limone, Gargnano, Toscolano-Maderno und Salò – wird wegen der Tradition des Zitronenanbaus auch gerne Zitronen-Riviera genannt. Das östliche Pendant, die Riviera der Oliven, ist geprägt von den Orten Malcesine, Torri del Benaco, Bardolino und Garda. Welche Seite schöner ist, ist eine Glaubensfrage: Limone oder Malcesine? Torri oder Gargnano? Jeder Ort bezaubert auf seine Weise und ist einen Aufenthalt wert.

Heiße Tage und Nächte während der Sommermonate (Juni bis September) ziehen viele Touristen an, die einen »Aktivurlaub« mit Sport am Tage und ausgelassenem Trubel am Abend genießen wollen. Wer hingegen Ruhe und Erholung sucht, sollte lieber das Frühjahr oder den Herbst wählen, um sonnige Tage mit angenehmen Temperaturen, klarer Luft und eindrucksvollen Farben zu genießen … nicht zu vergessen die Weinfeste, die ab Ende September in der Region um Bardolino die Weinlese begleiten!

Unterwegs in der Gardasee-Region

Die höchste Promidichte verzeichnete der Gardasee während der Donaumonarchie der Habsburgerzeit, als sich die High Society der Literatur hier traf. Unter anderem waren es Nietzsche, Kafka, D. H. Lawrence, Thomas Mann und Ibsen, die sich im damals deutschsprachigen Norden zwischen Riva und Torbole inspirieren ließen. Im Süden machten es sich die vornehmen Familien aus Mailand bequem – vor allem in Gardone und Sirmione. Ansonsten war die Gegend um den Lago zur Habsburgerzeit weitestgehend ein eher armer Landstrich. Hier wohnten einfache Fischer sowie Oliven- und Weinbauern. Erst mit den 1950er-Jahren kam mit dem Camping- und in den 1960er-Jahren mit dem Albergo-Tourismus die touristisch große Zeit des Gardasees. Vor allem aus Oberbayern und München kamen viele Wochenendtouristen und die Besucher aus dem Rest der Republik blieben gerne auch länger. Der Lago stellte sich auf die Besucher ein: Für Familien wurden vor allem im Süden etliche Freizeitparks wie Gardaland, Movieland oder Canevaworld errichtet und die Sportler – ob zu Wasser, auf dem Rad oder in den Bergen – finden hier eine Infrastruktur vor, die ihresgleichen sucht.

Sport am Lago

1976 eröffnete ein gewisser Heinz Stickl die erste Surfschule in Val di Sogno. In den 1980er-Jahren boomte diese Sportart dann und vor allem die Oberbayern bevölkerten Wochenende um Wochenende den Lago. In München gehörte es damals zum guten Ton, das Surfbrett unter der Woche gar nicht mehr vom Dachständer seines Wagens zu nehmen – am Freitagabend war man ja eh schon wieder auf der Autobahn Richtung Süden. Heute gibt es neben dem Surfen noch ein paar andere Möglichkeiten, auf dem Wasser Spaß zu haben: Kitesurfen, Aqua-Scooting, Jetski, Wasserski, Wakeboarden, Wakesurfen und natürlich auch noch ganz klassisch – Segeln.
Die Wanderer, Kletterer und Biker findet man vor allem im bergigen Norden. Hier gibt es zahlreiche Wandergebiete im Hinterland des Gardasees – egal ob zu Fuß, mit dem Mountainbike oder kletternd in der Steilwand, hier ist für jeden bestens gesorgt. Die Klettergärten findet man vor allem zwischen Arco, Riva und Torbole. Die Wanderer und Biker fühlen sich auf dem

Um den Lago gibt es sieben Weinregionen.

Monte Baldo wohl, aber auch das touristisch noch nicht so erschlossene Lessinia-Massiv gegenüber dem Monte Baldo hat seinen Reiz. Grundsätzlich gilt: Alle Rad- und Wanderrouten sind in der Regel gut ausgebaut und gepflegt.

See der Weinkultur

Das Hinterland des Gardasees ist vom Weinanbau geprägt. Hie und da sieht man noch Äpfel oder Mais, aber es wird schnell klar: Hier herrscht die Rebe. Rund um den Lago gibt es sage und schreibe sieben Weinregionen. Im Trentino liebt man den feinperligen Flaschengärsekt, der hier Trento DOC oder auch Talento heißt. Im Champagnerverfahren reifen diese Spumanti jahrelang auf der Hefe in der Flasche. Noch im Trentino, aber etwas weiter südlich, stößt man auf einheimische Rebsorten wie den süffigen Weißwein Nosiola aus dem Valle dei Laghi oder den Marzemino, einen fruchtigen Rotwein aus Rovereto, den schon Mozart schätzte.

Der Gardasee ist natürlich bekannt und berühmt für seinen schönen und unprätentiösen Bardolino. Seit einigen Jahren wird aus der gleichen Traube, der Corvina, auch ein fruchtiger Rosé gemacht: Der Chiaretto geht als Alternative zum Aperol Sprizz gut als Aperitif.

In Richtung Osten, wenige Kilometer vor Affi, liegt das Weinbaugebiet des Valpolicella. Hier bekommt man die »normalen« Valpolicella DOC und Superiore, den etwas stärkeren Ripasso, bei dem die Trauben mit dem Trester getrockneter Trauben vermischt werden, und den edlen Amarone, der nur aus getrockneten Trauben gewonnen wird. Oberhalb des Gardasees, in den Moränenhügeln, liegt rund um Sommacampagna das Anbaugebiet des Bianco di Custoza. Der Custoza ist ein frischer und fruchtiger Weißwein, der immer noch etwas im Schatten seines großen Nachbarn steht, dem Lugana. Beides sind trebbianobasierte Cuvées, die man gut zu Fisch oder Antipasti genießen kann. Etwas weiter im Westen baut man die heimische Rebsorte Groppello an, die einen schönen Wein von mittlerem Rubin, dunkler Frucht und etwas Tanninherbe hervorbringt.

Anreise

Für die Orte am nördlichen Gardasee: Von der Brennerautobahnausfahrt Rovereto Sud/Lago di Garda Nord sind es circa 15 Kilometer bis nach Torbole. Für die Orte am südlichen Gardasee: Nach der Brennerautobahnausfahrt Affi/Lago di Garda Sud den Hinweisschildern folgen.

Mangiare – köstlicher Lago

Die Kulinarik am Gardasee wird vor allem durch die drei Regionen Trentino, Veneto und Lombardei geprägt, die sich am See treffen. So vielfältig wie seine Landschaften ist auch das Essen – jede Region hat ihre charakteristische Küche. Eines gilt für alle drei Regionen: Wer regional typisch essen will, isst keine Pizza. Denn die Pizza wurde aus Süditalien importiert und hat um den Lago herum keine ursprüngliche Tradition.

Versteckter Charme im Lago-Hinterland

Im Trentino mag man es deftig

Die Vielfalt der Kulturen hat im Trentino eine ausgezeichnete Küche hervorgebracht. Sie bietet gleichzeitig auch eine schöne Mischung aus dem Deftig-Bäuerlichen der Berge und den leichten, mediterranen Einflüssen. Auf jeden Fall ist die Trentiner Küche stark von der k. u. k. Monarchie geprägt.

Viele Gerichte sind einfach und bestehen aus frischen Produkten der Region. Obst, Milch, Gemüse, Honig, Käse und natürlich Fleisch – hier neben Schwein, Rind, Geflügel und Wild auch gerne mal von Pferd und Esel. Die sauerstoffreichen Flüsse und Bäche liefern ausgezeichnete Bach- und Lachsforellen. Typische Gerichte sind fein geräucherter Bauernspeck, das Schüttelbrot und Schlutzkrapfen – mit Spinat und Quark gefüllte Teigtaschen, die man mit etwas Parmesan und geschmolzener Butter serviert. Sehr beliebt sind auch Speckknödel mit Sauerkraut, Gröstl (sehr leckeres und deftiges Pfannengericht, traditionell ein Resteessen: Fleisch, Speck, Bratkartoffeln, Zwiebeln und meistens ein Spiegelei), Polenta nera (Polenta aus Buchweizen, gibt es süß oder deftig, zum Beispiel mit Sardellen). Auf jeden Fall probieren sollte man die Strangolapreti (Priesterwürger), Spinat-Brot-Nocken in einer Butter-Salbei-Soße, oder die Carne Salada, eingelegtes rohes

Fakten

Der Gardasee ist der größte See Italiens: 55 Kilometer lang, zwischen 3 und 17,5 Kilometer breit, bis zu 346 Meter tief und ca. 65 Meter über Meereshöhe. Malerisch zwischen den Alpen und der Po-Ebene gelegen, gehört er im Norden zur Region Trentino-Südtirol, im Osten zu Venetien und im Westen zur Lombardei. Seine Verwaltung ist zwischen den drei Provinzen Trentino, Verona und Brescia aufgeteilt.

Das nördliche Ufer des Gardasees wird von imposanten Zweitausendern wie dem Monte Baldo begrenzt, während der südliche Teil bereits in die Ebene reicht. Bei Torbole, am Nordufer, wird der Gardasee durch den Zufluss Sarca gespeist, der bei Peschiera del Garda – nunmehr unter dem Namen Mincio – wieder abfließt und später im Po mündet.

Die größte Insel des Gardasees ist die Isola del Garda mit der berühmten Villa Borghese in der Nähe von Salò. Etwas weiter südlich, gleichfalls in der Bucht von Manerba und San Felice, liegen die Isola San Biagio sowie deren Nebeninsel I Conigli, was so viel wie »Kanincheninsel« bedeutet. Letztere wird gerne besucht, sowohl zu Fuß vom Festland aus (je nach Wasserstand mit trockenen Füßen oder hüfttief im Wasser watend) als auch mit dem Boot.

Rindfleisch mit feinem Olivenöl Extra Vergine beträufelt. Bei den Süßspeisen kommt man ganz nach alt-österreichischer Tradition nicht am Apfelstrudel vorbei. Beliebt ist aber auch die Torta di fregoloti, ein knuspriger Mürbteigkuchen mit Nüssen.

Leicht und fein speisen im Veneto

Venedig war lange eine feste Größe im Reigen der weltweiten Handelsmächte – klar, dass die Venezianer mit vielen Kulturen und Einflüssen in Berührung kamen. Die Venezianer waren so die Ersten, die mit Gewürzen, Reis und Mais kochten. Die Po-Ebene eignete sich dazu noch sehr gut für den Reisanbau. Das Erbe dieser Entwicklung erkennt man heute noch in unzähligen Reisgerichten, die fester Bestandteil der venezianischen Speisekarten sind. Sehr fein die Risotti mit Meeresfrüchten, die schwarzen Risotti mit Tintenfischsoße oder das Riso e trippa – Risotto mit Kutteln.

Notrufe

Polizei/Unfallrettung: 113

Automobilclub ACI: 116

Der zweite wichtige Bestandteil der venezianischen Küche ist Polenta. Den gelblichen Maiskuchen gibt es zu zahlreichen venezianischen Gerichten als Beilage. Sehr lecker für den, der es mag: Kalbsleber mit Zwiebeln und gerösteten Polentascheiben (Fegato alla veneziana).

Als typisch venezianisch gelten außerdem die Pasta e fasoi (Nudelsuppe mit roten Bohnen), im Norden Faraona (ein Perlhuhn-Gericht) oder Tortellini di zucca, mit süßem Kürbisbrei gefüllte Nudeln, die gerne am Gardasee angeboten werden.

Natürlich spielt aufgrund der Lage in Venetien seit jeher die Fischerei eine große Rolle – hier interessanterweise der aus Norwegen kommende Stockfisch (Stoccafisso oder Baccalà). Fein ist auch Fritto misto mit Polenta oder die typisch venezianische Fischsuppe (Brodetto).

Typisch für diese Region sind die zarten und handgeformten Tortellini di Valeggio und die Nudeln, die in einer Art Fleischwolf gedreht werden: die Bigoli. Im Sommer gibt es sie mit einem Ragout vom Gardaseefisch und im Winter mit Wild, Geflügel oder Kalbsragout. Die meisten typisch venezianischen Desserts sind von der österreichisch-habsburgischen Besatzungszeit geprägt. Mehr als eine Versuchung wert sind die Blätterteigschnitten Sfoglie oder Frittole, ebenso wie Pan d'oro, ein leichter Kuchen mit Vanillearoma, der ursprünglich aus Verona kommt.

Die Vielfalt der Lombardei

Die Küche der Lombardei ist sehr abwechslungsreich und bietet Dutzende typische Gerichte sowie regionale Varianten der kulinarischen Klassiker Italiens. Das wahrscheinlich bekannteste Gericht der Lombardei ist das berühmte Safranrisotto alla milanese. Eine weitere traditionelle Spezialität sind die Tortelli alla mantovana mit Kürbisfüllung. Darüber hinaus liebt die lombardische Küche deftige Eintöpfe, wie zum Beispiel die Zuppa pavese, eine Mischung aus Brot, Ei und Brühe, oder die Cassoeula, ein im Ofen geschmortes Ragout aus Grünkohl, Schweinefleisch, Würsten und Schwarte. Im Mittelalter haben die Lombarden wohl nach Österreich »rübergeschmeckt« und die Vorliebe der Österreicher für panierte Speisen übernommen. Daher findet man in der Lombardei Wiener Schnitzel auf den Speisekarten, die hier allerdings Bistecca milanese heißen. Wer hat's erfunden? Die Wiener sagen, sie waren es. Die Mailänder bestreiten das natürlich. Auf jeden Fall typisch lombardisch ist Ossobuco, eine in einem Ragout geschmorte Kalbshaxe oder Beinscheiben, die gerne mit grünen Erbsen und Reis serviert werden. Manchenorts wird das Kalbsgericht allerdings auch mit Polenta kombiniert, einem Maisbrei, der auch heute noch im Kessel über offener Flamme zubereitet wird. Als Dessert empfiehlt sich der berühmte Panettone, der übrigens aus Mailand stammt. In Sachen Käse liebt man am südwestlichen Ufer des Gardasees den Bagòss, einen sehr aromatischen Bergkäse.

Augen auf für die Perlen der Region

Willkommen am Lago

Was auch immer Sie sich für Ihren Lago-Besuch auf den Zettel geschrieben haben – ob Wassersport, Wandern oder Klettern, Fünf-Sterne-Wellness mit feiner Küche oder einfach nur ruhiges und entspanntes Cruisen am See und im Hinterland – Sie werden es finden. Dabei gilt immer die Devise: Wenn Sie sich nur ein paar Meter vom Lago entfernen, entdecken Sie die wahren Perlen dieser von vielen Kulturen geprägten Region. Viel Spaß beim Finden – und beim Fahren.

Sonne, Wind und
Dolce Vita – der Lago

M YK 5738

1 Bond, James Bond

Teilumrundung des Lago – und eine spektakuläre Bergroute

Etappen
Riva – Torbole – Malcesine – Brenzone – Torri del Benaco – Fährüberfahrt nach Toscolano-Maderno – Gargnano – Tignale – Sermerio – Pieve – Campione

Länge
80 km

Dauer
Tagestour

Essen & Trinken
Ristorante La Forra. Kurz bevor man in die Brasa-Schlucht einfährt, kann man sich hier hervorragend stärken. Neben empfehlenswerten Pizzen bestechen Auswahl sowie Qualität der Fleisch- und Pastagerichte aus der Region (die im Übrigen großzügig bemessen sind). Via Benaco 24, 25010 Tremosine, www.laforra.com
Osteria Al Pescatore. Das vielleicht beste Fischrestaurant des Sees. Der italienische Gymnasiallehrer Livio hat sich hier seinen Lebenstraum gemeinsam mit seiner Frau Rosalia verwirklicht und zaubert jeden Tag sieben Gänge auf den Tisch. Via Imbarcadero 31, 37010 Castelletto di Brenzone, www.osteriaalpescatore.it

Dicht am Wasser, dicht am Fels und dicht auf den Spuren von James Bond führt die Tour von der Nordspitze des Gardasees bis nach Torri del Benaco, wo man mit dem Auto auf der Fähre einschiffen und nach Toscolano-Maderno schaukeln kann – um sich von dort auf das Hochplateau von Tremosine zu schrauben und in die Höllenschlucht Brasa einzutauchen.

Aufdrehen und abtauchen. Wie James Bond.

Erst einmal zu Bond, James Bond. Für den Dreh des 22. Bond-Films »Ein Quantum Trost« gastierte die Filmcrew 14 Tage am Gardasee – das Ergebnis: nicht einmal zwei Minuten Filmsequenz, aber jede Menge Blechschaden. Die Gerade zwischen Torbole und Malcesine verführte ein Mitglied der Filmcrew derart, dass er mit dem Aston Martin durch die Leitplanke in den See flog und dort 160 000 Euro versenkte. Zum Glück konnte sich der 29 Jahre alte Fahrer ans Ufer retten.

Die Gardesana Orientale, die Uferstraße an der Ostseite des Gardasees, schmiegt sich von Torbole bis Torri eng an den See. Knapp 40 Kilometer ist die Strecke lang. Dass Torbole das Mekka der Wassersportler ist, sieht man auch bei der Ortsdurchfahrt: In den Schaufenstern hängt keine edle italienische Designer- und Lederware, sondern hippe Sportmode und alles erdenkliche

Unterkunft

Lido Palace***.** Das wiedereröffnete Lido Palace ist der Inbegriff eines Fünf-Sterne-Grandhotels. Es vereint eine hervorragende Lage direkt am See mit einer langen Tradition und einer architektonisch beeindruckenden Modernisierung. Viale Carducci 10, 38066 Riva del Garda, Tel. +39/0464/02 18 99, www.lido-palace.it

Hotel Brenzone*.** Das vollständig renovierte Haus liegt in Brenzone-Magugnano direkt am See. Dieses Fischerdorf verströmt heute noch familiären Charakter, abseits des Massentourismus. Seit drei Generationen führen die Inhaber das Hotel mit viel Leidenschaft. Wunderschön: im Liegestuhl an der Promenade die Abendsonne genießen. Via XX Settembre 26, 37010 Brenzone sul Garda, Tel. +39/045/742 03 88, www.hotelbrenzone.eu

Albergo Castello.** Die kleine Festung ist mittlerweile ein familiär geführtes Hotel im historischen Zentrum von Gardola, dem Hauptort der Gemeinde Tignale. Zimmer mit Balkon buchen! Via Castello 16, 25080 Tignale, Tel. +39/0365/730 41, www.albergocastello.it

Informationen

INGARDA, Largo Medaglie d'Oro al Valor Militare 5, 38066 Riva del Garda, Tel. +39/0464/55 44 44, www.gardatrentino.it

Consorzio Turistico Tignalese, Via Europa 5, 25080 Tignale, Tel. +39/0365/ 733 54, www.tignale.org

Informationsbüro Pieve di Tremosine, Piazza Marconi 1, 25010 Tremosine; eingeschränkte Öffnungszeiten: April bis Oktober täglich 9–12.30 Uhr und 15–18.30 Uhr, November bis April nur vormittags, Tel. +39/0365/95 31 85, www.infotremosine.org

Equipment für Surfer, Kiter und Segler. An der Wind's Bar drängen sich muskulöse Kerle in Neopren-Shorties, die schon ihre erste Runde auf dem See gedreht haben, zum zweiten Frühstück. Frische Seeluft bläst ins Auto. Es fällt schwer, den Blick auf die Straße zu richten, zu viele bunte Segel flitzen dicht am Ufer durch den Wind. Die Nordspitze des Sees ist von Riva bis Malcesine für Motorboote – mit Ausnahme der Fährschiffe – gesperrt. Zu hoch ist die Unfallgefahr für die Wassersportler.

Mal Sasso, verfluchter Fels, nannten die Seefahrer den gefährlichen Vorsprung am Ostufer und gaben damit Malcesine seinen Namen. Der pittoreske Ort gilt als die Perle des Gardasees. Um die Scaligerburg verläuft ein Netz aus kleinen Gässchen, mit dem Cabrio würde man hier stecken bleiben. Man parkt besser auf dem Parkplatz in der Ortsmitte, um zu Fuß in das italienische Idyll einzutauchen. Beinahe an jeder Ecke befindet sich ein kleines Café oder Ristorante. Touristen löffeln, an die steinernen Wände gelehnt, den Milchschaum vom Cappuccino oder lassen es noch italienischer bei einem Aperol Sprizz angehen. Der pittoreske Charme faszinierte bereits Goethe, der 1786 während seiner Italienreise am Gardasee weilte. Weil er die Scaligerburg mit Bleistift skizzierte, nahmen ihn die Carabinieri kurzerhand fest, da sie ihn für einen österreichischen Spion hielten. Schließlich kam der Dichterfürst wieder frei und hielt für die Nachwelt die Schönheit dieses Landstriches fest.

Kurz hinter Malcesine wird es beschaulicher, hier beginnt Brenzone. Die Gemeinde besteht aus 16 kleinen Dörfern und Weilern, die sich verstreut am Fuße des Monte Baldo erstrecken. Enge, oft sehr steile Gässchen führen zu steinernen, historischen Häuschen und Olivenhainen. Castelletto di Brenzone liegt direkt am See. Hier lohnt sich ein Zwischenstopp, um den Blick auf das malerische Hafenbecken zu genießen. Die Häuser leuchten in Rot, Gelb und Türkis

Blick von Tremosine auf Malcesine am anderen Ufer

mit den bunten Fischerkähnen um die Wette.
Der Lago weitet sich immer mehr. Selbst neben dem Surren des eigenen Motors hört man ein Knattern vom See. Dieses Gebiet gehört den Kitesurfern. Hier haben sie den Platz, der am Nordende bei Riva fehlt, um von der Oberfläche abzuheben und sich waghalsig in der Luft zu drehen. Auf dem Kies direkt unterhalb der Straße bräunen sich Touristen und Einheimische Seite an Seite. Vom Motorlärm oder den Abgasen lassen sie sich nicht stören. Torri del Benaco trägt die alte lateinische

Leckere regionale Produkte

Alpe del Garda ist eine Kooperative, die Produkte aus der Region verkauft: Wurst, Schinken, Käse, frische Milch, Joghurt, Honig, Marmelade, Essig, Öl, Wein und Spirituosen, Haushaltswaren aus Olivenholz, Bienenwachskerzen, Brot etc. Vieles zum Probieren!
Alpe del Garda, Via Provinciale 1, 25010 Tremosine, www.alpedelgarda.it.

Bezeichnung des Gardasees, Lacus Benacus, in seinem Namen. Der Ort liegt ungefähr auf der Mitte dieses Seeufers. Am Ende der Ortsdurchfahrt zweigt rechts der Weg zur Fähre und zum Parkplatz ab, wenn man Torri zu Fuß erkunden möchte. Zu sehen gibt es das Castello Scaligero aus dem Jahr 1383 und die schöne, 1760 erbaute Limonaia – außerdem kleine Gässchen mit

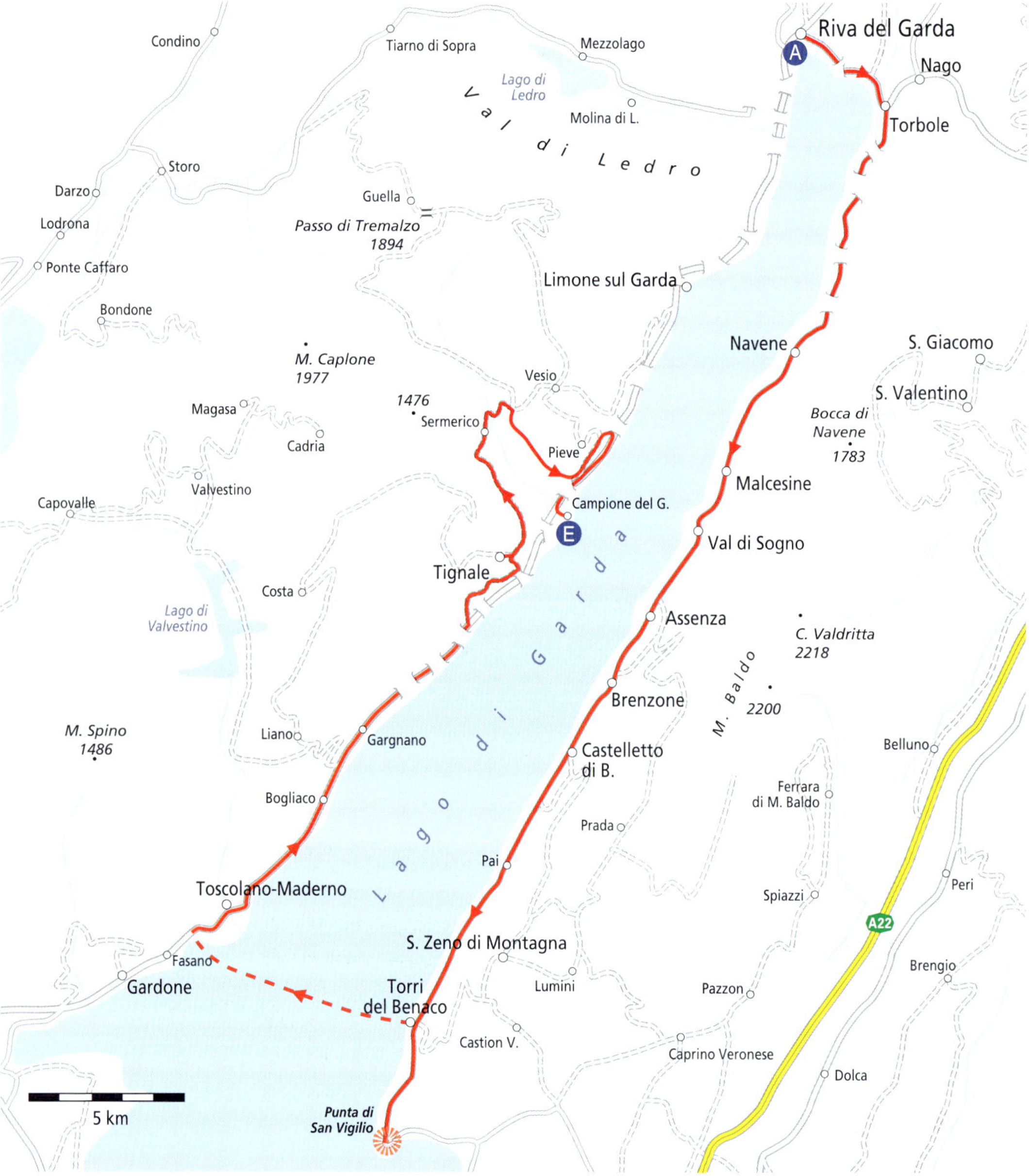

Boutiquen und eine Promenade mit vielen guten Restaurants direkt am See.

Die Fähre ist eine willkommene Abwechslung. Näher kommt man mit dem Cabrio dem See nicht. Das Schiff pendelt circa jede halbe Stunde und braucht in etwa genauso lange bis Toscolano-Maderno. Damit spart man sich die landschaftlich wenig reiz-

Entspanntes Cruisen zwischen Fels und Wald

volle Umrundung der Südspitze, die Zeit kosten kann, wenn viel Verkehr zur südlichen Brennerauffahrt drängt. Von der Fähre öffnet sich der Blick Richtung nördliches und südliches Seeende – nur kann man die 60 Kilometer, die der Lago in der Länge misst, nicht einfangen, man fühlt sich wie auf dem Meer. Ein paar Wellen später ist auch schon die Anlegestelle in Toscolano in Sicht. Alle wieder aussteigen. Die Fußgänger dürfen zuerst von Bord, dann setzen sich die Reifen in Bewegung. Es geht seeaufwärts Richtung Riva nach Gargnano. Viele halten den Ort für den »italie-

Tipp – Boot ausleihen

In Castelletto di Brenzone, direkt im kleinen Hafen, kann man ohne Führerschein Motorboote ausleihen und erlebt so den See ganz privat – zum Sonnen und Baden. Tre di Cuori. Nautics & Boat Rentals, Via Imbarcadero 17, 37010 Castelletto di Brenzone, Tel. +39/045/743 08 05, www.nauticuore.com.

nischsten« am See. Kurz nach dem Ortseingang kann man rechts zum kleinen Zentrum abbiegen und sich den Weg durch die schmalen Gassen bahnen – bis man zum kleinen, hübschen Hafen gelangt.

Zwischen 1943 und 1945 residierte Mussolini in Gargnano. Er bewohnte den neogotischen Prachtbau Villa Feltrinelli, der am Ortsausgang in einem exklusiven Park mit privatem Seezugang liegt und heute Europas kleinstes Grandhotel beherbergt. Hier sollen Superreiche und Stars wie Julia Roberts, Naomi Campbell oder José Carreras regelmäßig nächtigen.

Nun geht es auf der Gardesana Occidentale weiter, die übrigens von Cremona bis Trento verläuft – ihren Namen hat sie durch das Teilstück von Salò bis Riva, das am Gardasee entlangführt. Die Occidentale lotst durch insgesamt 74 Tunnel an der Westseite des Sees. Kurz vor Tignale tauchen die ersten Röhren auf. Es wird dunkel, die Sonnenbrille muss runter, die Luft wird feucht und muffig – es dröhnt und röhrt. Motorradfahrer lassen ihre Maschinen aufheulen. Man ist froh über jede Unterbrechung, bevor der nächste Tunnel kommt. Doch Erlösung naht. Links geht es ab nach Tignale, hinauf auf das Plateau von Tremosine. Es besteht aus 18 kleinen Ortschaften, von denen nur eine direkt am Seeufer liegt, Campione. Die anderen sind über das Hochplateau des Naturparks Alto Garda verstreut. Seit 2010 zählt Tremosine zu den zehn schönsten Orten Italiens. War man bislang von der Streckenführung kaum gefordert, geht es jetzt rund – im wahrsten Sinne des Wortes. Die Kurven ziehen sich zu Kehren zusammen und führen über rostige Brücken und an zackigen Felsenwänden vorbei nach Gardola. Hier folgen wir in der Rechtskurve der Beschilderung nach Pieve/Tremosine. Circa einen Kilometer hinter dem Ort kommt rechts ein Park-

Abstecher von Torri zur Punta San Vigilio

Circa zehn Minuten nach Torri Richtung Süden auf der Gardesanastraße erreicht man die Landspitze Punta San Vigilio. Unmittelbar in einer Kurve gibt es eine Abzweigung zu einem kostenlosen Parkplatz. Von dort führt ein schöner, von Olivenbäumen gesäumter Fußweg nur wenige Hundert Meter zur Landspitze hinunter. Wer baden möchte, gelangt rechts zum schönen, wenngleich teuren Badestrand Parco Baia delle Sirene. Geradeaus führt der Weg zur ehemaligen Villa Guarienti-Brenzone, heute ein luxuriöses Hotel für betuchte Gäste. Und ein weiterer Abzweig nach links führt schließlich zu einer der angesagtesten Bars für den »Sonnenuntergangs-Drink«. Einige behaupten sogar, dies sei der romantischste Ort, um einen Sprizz einzunehmen (www.punta-sanvigilio.it).

Perfekte Fotostopps in fast jeder Spitzkehre

platz. Entweder man stellt hier das Auto ab und läuft entlang des Kreuzweges zehn Minuten steil bergauf zur Kirche Madonna di Montecastello oder man treibt den Wagen ein schmales Sträßchen mit bis zu 25 Prozent Steigung hinauf. Achtung, hier ist etwas Bodenfreiheit gefragt.

Die Wallfahrtskirche aus dem 17. Jahrhundert thront in atemberaubender Lage etwa 700 Meter über dem Gardasee. Von hier hat man einen einmaligen Blick auf den Monte Baldo oder die Burg von Malcesine am anderen Ufer. Die Kirche beherbergt im Inneren einen goldenen Altar sowie einige schöne Fresken.

Die Strecke wird nun immer enger und kurviger. Mit jeder Menge Spitzkehren geht es durch das Hinterland – durch Sermerio, Pregasio und Arias. Mittlerweile hat die Straße maximal eineinhalb Autobreiten, selbst Einheimische hupen vorsorglich, bevor sie in ihren türkisfarbenen Fiat Pandas um die Kurve flitzen. In Pieve angekommen, sollte man unbedingt einen Stopp am Hotel Paradiso (www.terrazzadelbrivido.it) einlegen. Hier findet sich die bekannte Schauderterrasse, 600 Meter senkrecht über dem Gardasee. Wer nicht schwindelfrei ist: Einen ebenso wunderschönen Ausblick hat man von der Veranda des Hotels Miralago, das direkt an der Piazza im kleinen Ortskern von

Anspruchsvolle Wegführung, spektakulärer Blick auf den See.

Pieve liegt. Der Blick von eben dieser Terrasse veranlasste Winston Churchill 1949 zu dem Ausspruch: »Tremosine, das Capri des Gardasees«.

Am Ortsausgang von Pieve hält man sich rechts Richtung Campione und nimmt damit Kurs auf ein Abenteuer – bis der Atem stockt: die Brasa-Schlucht, benannt nach dem Wildbach, der die Höllenschlucht aus dem Fels gegraben hat. Die Straße wurde 1913 als Verbindung zum Hafen gebaut; bis dahin schleppten die Leute die Waren über einen schmalen Pfad nach oben. Wenn man vorher an manchen Stellen dachte, es gehe nicht mehr enger, wird man hier eines Besseren belehrt. Bevor man zwischen den Felsen verschwindet, besteht rechter Hand noch die Möglichkeit, die Madonna in ihrer Grotte um möglichst wenig Gegenverkehr zu bitten. Es wird dunkel, feuchte, moosige Luft wabert ins offene Auto. Man fühlt sich von den Felsen verschlungen. Durch Felsspalten hoch oben dringen spärliche Sonnenstrahlen nach unten. Licht und Schatten wechseln sich ab, während man im Schritttempo durch die Schlucht fährt. Man hofft, dass die Gebete erhört wurden, denn hier passen keine zwei Wagen aneinander vorbei. Immer wieder kommen Ausweichstellen. Wenn gerade keine vorhanden ist, gelten zwei Regeln: Auto zum Stehen bringen, so weit wie möglich rechts ranfahren und hoffen, dass der Gegenverkehr einheimisch ist und entweder bis zur nächsten breiteren Stelle zurückstößt oder an einem vorbeizirkelt. So arbeitet man sich behutsam Felsdurchbruch für Felsdurchbruch nach unten. Der See blitzt blau herauf, da könnte man für einen Moment glatt vergessen, dass man nicht allein auf der Straße ist. Und da schließt sich der Kreis zu James Bond. Im letzten Drittel dieser sich schlangenartig am Berg windenden Straße ereignete sich ein weiterer Filmcrew-Crash. Diesmal erwischte der Totalschaden lediglich ein Attrappenauto. Wieder heil auf der Gardesana Occidentale angekommen, lockt die Altstadt von Limone mit ihren kleinen Gassen und Ristoranti mit Blick auf die in Abendsonne getauchte Ostseite. Einige Tunnel später, in circa zehn Minuten, ist das Ziel erreicht. Bis dahin leuchtet der See blau ins Cabrio.

Linke Seite oben: Typisch italienisch – immer viele Pflanzen vor der Tür

Limone

Eine schnuckelige Altstadt auf engstem Raum zwischen Seeufer und Steilhang, überall Souvenirs aus Zitronen: Limone gilt als einer der schönsten Orte am Gardasee. Arkaden überspannen die Gassen aus Kopfsteinpflaster und die Straßen sind so eng, dass die meisten Einheimischen schmale Fahrzeuge wie den Piaggio Ape fahren. Der Ortsname Limone (ital. Zitrone) stammt übrigens nicht von der Zitrusfrucht, sondern vom lateinischen Wort für Grenze: Limes. Bis 1918 war hier die Trennlinie zwischen Österreich und Italien, heute gelangt man »nur« vom Trentino in die Lombardei. Aufgrund des Zitronenanbaus seit dem Mittelalter wird dieser Ort auch Dorf der Zitronen genannt. Im 13. Jahrhundert führten Mönche aus dem Franziskanerkloster die Zitronen im milden Klima des Gardasees ein. Damit die Bäume vor Frost geschützt sind, wurden ab dem 17. Jahrhundert die ersten Zitronengewächshäuser (ital. Limonaia) gebaut, bis jedes freie Fleckchen am Steilhang mit Zitronengärten bepflanzt war. Die Mauern und Pfeiler dienten dabei als Stütze für Bretterabdeckungen und Glasverkleidungen im Winter. Limone war auf der Welt die nördlichste Region, in der Zitronen angebaut wurden. Der gut gehende Export in andere europäische Länder brach jedoch Ende des 19. Jahrhunderts ein, als Sizilien Italien zugesprochen wurde. Zitronen von dort waren billiger; außerdem machten dem hiesigen Zitrushandel Krankheiten sowie die Entdeckung der synthetischen Zitronensäure zu schaffen.

IN PR 364

Alpiner Charme auf dem Monte Bondone

2 Zwei Täler und 1000 Kurven

Von Torbole durchs Arcotal nach Trento und an der Etsch entlang zurück durch das Val d'Adige

Etappen
Torbole – Nago – Arco – Bolognano – Chienis – Calliano – Folgaria – Vattaro – Trento – Sardagna – Lagolo – Drena – Torbole

Länge
Ca. 170 km

Dauer
Tagestour

Essen & Trinken
Osteria San Rocco. Feine regionale Küche im kleinen Ort Sardagna. Via Lodovico de Balzani 2, 38123 Sardagna-Trento, www.osteriasanrocco.it
Antico Pozzo. Lorenza verköstigt ihre Gäste mit heimischen Lieblingsgerichten in einem Palazzo aus dem 15. Jahrhundert. Via Manci 45, 38122 Trento, www.antico-pozzo.it
Ristorante Alla Lega. Traditionelle Trentiner Küche im Herzen von Arco, in der dritten Generation geführt. Via Vergolano 8, 38062 Arco, www.ristoranteallalega.com

Unterkunft
Lido Blu Hotel****. Vier-Sterne-Hotel mit allen Annehmlichkeiten auf einer ruhigen Landzunge direkt vor Torbole. Via del Sarca Vecchio 39, 38069 Nago, Tel. +39/0464/ 50 51 80, www.lidoblu.it
Hotel Aquila d'Oro****. Inmitten der Altstadt in einem schönen alten Haus. Geschmackvoll eingerichtete Zimmer. Via Belenzani 76, 38100 Trento, Tel. +39/0461/98 62 82, www.aquiladoro.it

Willkommen zur wahrscheinlich anspruchsvollsten und wohl auch begeisterndsten Tagestour am Gardasee. Wer gerne fährt und im Speziellen gerne in Kurven dreht, ist auf der circa 170 Kilometer langen Route goldrichtig.

Von Torbole aus rollt man am frühen Morgen nach Nago und dann weiter Richtung Arco. Das sonst so geschäftige Torbole wirkt noch ruhig, die Luft ist klar. Die ersten Mountainbiker machen sich für eine Bergtour bereit, Surfer packen ihre Bretter aufs Dach. Oder unter den Arm.
Torbole, das Mekka der Sportler, liegt vier Kilometer östlich von Riva del Garda und ist Start einer Tour, die es in sich hat. Surfer, Mountainbiker und Kletterer finden hier eine hervorragende Infrastruktur – der Ort hat sich voll und ganz dem Sport verschrieben. Daher ist es fast logisch, dass das Freizeit- und Abendangebot in Torbole eher jüngere Zielgruppen anspricht. Torbole

Weine des Etschtals

Das Etschtal reicht von Meran bis Rovereto und hat seinen Namen von der Etsch, dem mit 415 Kilometern zweitlängsten Fluss Italiens. Das Tal ist vor allem für seine Weißweine bekannt. Die Weinreben stehen hier auf den typischen Terlaner Hanglagen. Auf ihnen entstehen in einem warmen, aber doch luftigen Klima körperreiche und mineralische Weine. Wer direkt bei Winzern einkaufen will, versucht es am besten rund um die Gemeinden Andrian und Terlan. Vorherrschende Weißweinsorten sind Weißburgunder und Sauvignon Blanc. Der mineralische Boden ist aber auch gut für einen hervorragenden Riesling. In den tieferen Lagen im mittleren Etschtal wächst auf sandigem Lehm auch Rotwein. Hier findet man vor allem die Rebsorten Cabernet Sauvignon, Lagrein und Vernatsch.

Informationen
Fremdenverkehrsbüro Torbole, Via Lungolago Verona 19, 38069 Torbole sul Garda, Tel. +39/0464/ 50 51 77, www.visitgarda. com; Fremdenverkehrsamt Trento, Via Manci 2, 38122 Trento, Tel. +39/0464/ 21 60 00, www.apt.trento.it

ist zweigeteilt: Es gibt den auf Surfer und Badegäste ausgerichteten Bereich am See und eine pittoreske Altstadt, direkt unter den Bergen. Inspirierend war Torbole auch schon zu Goethes Zeiten. Eine Gedenktafel in einem Hotel erinnert noch heute an Goethes Aufenthalt während seiner Italienreise: »Heute habe ich an der Iphigenie gearbeitet, es ist im Angesicht des Sees gut vonstatten gegangen.«
Es geht los. In Nago verlässt man den Kreisverkehr in Richtung Arco und wird direkt mit einem schönen Blick ins weite Tal und den ersten Kurven belohnt. Ein kleiner Abstecher ins schöne Arco? Dann folgen Sie einfach den Wegweisern. Wer direkt weiter will, biegt in Bolognano rechts ab und folgt der Beschilderung zum Monte Velo. Nach Bolognano geht es sofort sehr steil in den Aufstieg der Westflanke des Arcotals. Hier ist Vorsicht ge-

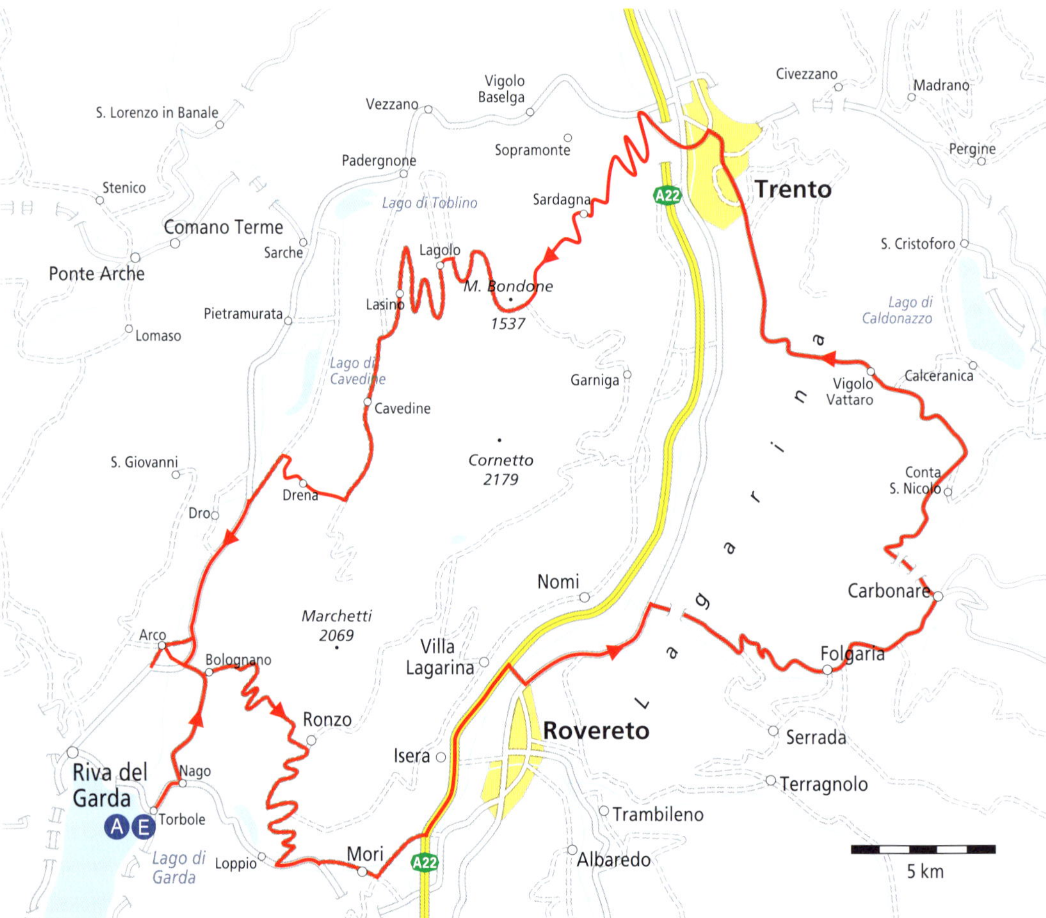

boten – die Strecke ist auch bei Radlern und Motorradfahrern sehr beliebt. Gegenüber leuchtet der weiße Fels aus der Brentagruppe in der Vormittagssonne. Langsam wird es etwas kühler, der Wald schluckt das Licht und die Sicht wird schlechter. Ein Schild weist darauf hin, dass die Straßen noch schmaler werden. Kaum vorstellbar – aber wahr. Engste Spitzkehren schlängeln sich aneinander, Leitplanken gibt es hier oben keine. Diese Tour verlangt eine gute Mischung aus Vorsicht und Spaß an Steuer und Gaspedal. In S. Barbara erreicht man den Sattel des Passes und ab hier geht es auf einer wieder breiteren Straße gemütlich hinunter nach Chienis. Im Ort halten wir uns links und biegen in Richtung Lago di Cei ab. Und sofort kommen die nächsten Kurven – auf gutem Straßenbelag erreicht man schnell den Sattel des Passo Bordala. Auf der Terrasse der Albergo Passo Bordala bekommen Gas- und Kupplungsfuß sowie die Arme und Schultern eine erste Pause bei einem Cappuccino.

Tipp – Fotostopp

Auf dem Monte Bondone bietet sich bei klarem Wetter ein beeindruckender Blick bis in die Brenta-Dolomiten.

Danach rollen wir gemütlich hinunter ins Etschtal. Die Straßen sind hier besser, breiter und man kann es laufen lassen. An Weinreben vorbei genießt man den Blick hinunter zur Etsch. In Castellano passiert man eine schöne alte Steinkirche. Dahinter regiert nun vollends der Weinanbau.

Es folgen die letzten Kurven durch sattgrüne Weinterrassen. Unten im Tal am Kreisverkehr nahe der Autobahn nimmt man die Nationalstraße in Richtung Folgaria. Es geht nun über die Etsch, direkt danach in Calliano folgen wir den Straßenschildern rechts nach Folgaria. Und sofort wird die Tour wieder kurvig und bergig. Am steilen Hang wirken die engen Serpentinen wie angeflanscht. Nach Mezzomonte wird die Straße wieder etwas breiter und man erreicht Folgaria – Achtung, die Ortsdurchfahrt ist am Wochenende für den Verkehr gesperrt. In Folgaria merkt man deutlich die Höhe – hier trifft sich Sommer- und Wintertourismus. Auf dem Passo del Sommo in 1341 Meter Höhe lädt das Chalet Passo Sommo zu einer kleinen Pause ein. In Carbonare kurz darauf geht es links ab Richtung Trento. Es kommen nun knappe 15 Kilometer Kurve an Kurve. Für Motorradfahrer ist dieser Abschnitt der Tour ganz offensichtlich eine gern gefahrene Rennstrecke. Daher ist auch hier Vorsicht geboten. In Vattaro ist der Kurvenspuk zu Ende und man rollt auf breiter Fahrbahn nach Trento aus. Links hat man einen schönen Blick ins Etschtal, direkt dahinter: der Hausberg von Trento, der Monte Bondone mit 2180 Meter Höhe.

In Trento fährt man zum Domplatz – direkt dem Neptunbrunnen gegenüber lockt das Caffè Tridente mit dem angeblich besten Caffè am Platz. Der Neptunbrunnen steht hier schon seit 1769 – nur die bronzene Statue des Neptun ist eine Nachbildung des steinernen Originals, das 1942 entfernt wurde. Direkt dahinter befindet sich der Dom San Vigilio, Sitz der Bischöfe.

Man verlässt Trento, indem man der Beschilderung Richtung Autobahn folgt und am Kreisverkehr nach Riva del Garda abbiegt. Dann orientiert man sich an den Schildern Richtung

Nach der Tour ist vor dem Bad!

Monte Bondone, was etwas Konzentration verlangt: Am ersten Wegweiser zum Monte Bondone rechts abbiegen, beim nächsten Abzweig geht es sowohl links als auch rechts zum Monte Bondone – hier unbedingt links abbiegen.
Nach Sardagna am Osthang des Monte Bondone fühlt man sich gleich wieder wie auf einer Rennstrecke: frischer, schwarzer und griffiger Teer, schnelle Kurven – ganze 14 Kilometer geht das so bis zur Passhöhe des Monte Bondone. Bremsspuren auf der Straße zeigen, dass hier die Einheimischen ihre Rennen ausfahren. Die Passhöhe selbst versprüht wenig Charme – der Ausblick dafür umso mehr. Bei klarer Sicht sollte man hier eine kurze Pause einlegen. Im Nordwesten sieht man die vergletscherten

Abstecher nach Arco

Der stilvolle Kurort liegt wenige Kilometer nördlich von Riva im breiten Sarcatal. Die hübsche Altstadt schmiegt sich an einen schmalen Steilfelsen, auf dessen Spitze eine Burgruine thront. Wegen seines milden Klimas wählte der österreichische Kaiser Arco 1872 als Wintersitz für den kaiserlichen Hof. Daraufhin zog es die Schönen und Reichen der damaligen Zeit in den Ort. In der Folgezeit entstanden prachtvolle Villen, Gärten und Promenaden, was Arco zu einem begehrten Kurort machte.

Darüber hinaus ist das Städtchen heute eine internationale Kletter-Hochburg, berühmt für seine Steilfelsen. Hier wird jedes Jahr das Rock Master Festival, ein Freeclimbing-Wettbewerb, ausgetragen. Neben den Kraxlern steht Arco auch bei den Mountainbikern hoch im Kurs. In den umliegenden Bergen gibt es viele Trails zu erkunden.

Spitzen der Brentagruppe, im Norden das Etschtal und im Osten erkennt man schon die ersten Höhenzüge der Dolomiten.
Man fährt nun durch das Skigebiet des Monte Bondone, das im Winter Alpinisten und Langläufer lockt. Bei der nächsten Abzweigung biegen wir rechts ab Richtung Riva.

CAFFÈ ITALIA
CAFFÈ ITALIA
IN PR 364

Die Westflanke des Bondone ist nicht so steil wie die Ostflanke, sodass man in schön zu fahrenden, weiten Kurven talwärts cruist. In Lagolo passiert man den gleichnamigen Gebirgssee, der aus der Eiszeit stammt. Er wird von einigen unterirdischen Quellen gespeist und hat Badequalität. Die Bewohner von Calavino und Lasino sind fest davon überzeugt, dass das Wasser des Sees therapeutische und heilende Wirkung hat. In Lasino steht das Castel Madruzzo. Der ältere Teil des Kastells stammt aus dem 13. Jahrhundert, der Anbau aus dem 16. Jahrhundert. Den dazugehörigen Renaissance-Palast erbaute Giovanni Gaudenzio, dessen Familie das Kastell heute noch bewohnt.

Weiter geht es durch Weinberge und Obstplantagen im breiten und fruchtbaren Tal von Cavedine. In Drena passiert man die nächste mittelalterliche Burg. Sie wurde im frühen Mittelalter erbaut und über die Jahrhunderte erweitert. Die Burg von Drena steht auf einer felsigen Anhöhe. Von ihr aus wurde lange Zeit der Eingang ins Sarcatal überwacht. Der beeindruckende quadratische Turm kann besichtigt werden. Berühmt ist das Dörfchen außerdem für seine Marroni di Drena, Esskastanien, die von tausendjährigen Kastanienbäumen aus der Umgebung stammen.

Auf den letzten Metern der Tour spürt man langsam wieder die feuchte und würzige Luft des Lago. Es folgen saftig grüne Zypressen und in der Sonne leuchtende Olivenbäume und schon naht Arco. Ein letzter Blick auf die Burg und wir erreichen wieder Torbole. In den Straßenbars und Cafés sitzen die Surfer und Biker und lassen den Tag ausklingen. Nach all den Kurven verlangt der Nacken nach einer Massage. Vielleicht reicht aber auch die Lago-Therapie: Veneto Sprizz und eine knusprige Pizza.

Schönes Trento

Die Hauptstadt des Trentino hat eine bewegte Geschichte. Gegründet wurde die Stadt von den Kelten, um dann von den Römern erobert und auf den Namen Tridentum getauft zu werden. 1004 beschloss Kaiser Heinrich I., den Bischöfen die weltliche Macht zu übertragen. Diese geistliche Herrschaft hielt, einigen Revolutionen trotzend, bis zum Einmarsch von Napoleons Truppen im Jahre 1796. Danach wurde das ganze Gebiet Teil des Kaiserreichs Österreich-Ungarn. Diesen k. u. k. Charme versprüht vor allem die österreichisch geprägte Altstadt. Durch enge Gassen flaniert man an Renaissance-Häusern mit bunten Fresken und weit überhängenden Holzdächern vorbei. Guter Ausgangspunkt ist der Domplatz mit dem schön bemalten Cazuffi-Haus und dem berühmten Neptunbrunnen. Hier lässt sich in einem der angrenzenden Cafés mit Blick auf die herrliche Kulisse das Dolce Vita genießen.

Linke Seite: k.u.k. Charme auf dem Trentiner Domplatz

Der Monte Baldo und seine Kurven

3 Ins Elbenland

Ein Klassiker unter den Alpenrouten – die Überquerung des Monte-Baldo-Massivs von Norden nach Süden

Man kann sie wohl beschreiben, aber man muss sie erleben: Die Höhenstraße führt in eine entlegene, eigene Welt mit schmalen Sträßchen, Zauberwäldern und saftigen Wiesen voll seltener Flora und Fauna. Fahrerisch ist die Tour anspruchsvoll – vor allem, wenn es auf der Westseite des Massivs auf engen und steilen Straßen zurück an den Lago geht.

Etappen
Malcesine – Torbole – Nago – Loppio – Mori – Brentonico – San Giacomo – San Valentino – Spiazzi – Caprino Veronese; weiter auf der Tour für Genießer: Pesina – Costermano – Garda – Malcesine; weiter auf der Tour für Abenteurer: Albisano – San Zeno – Lumini – Malcesine

Länge
Ca. 60 km

Dauer
Tagestour

Essen & Trinken
Ristorante Da Corrado. Auf dem Weg nach Pazzon gelegen. Familienbetrieb mit hervorragender einheimischer Küche und ungewöhnlichem Ambiente, das der Künstler Pino Castagna gestaltet hat. Loc. Pazzon, 37013 Caprino Veronese, www.ristorantedacorrado.com
Ristorante Al Corsaro. Am Fuße der Burg, direkt am Wasser gelegen. Gute Weine und typisches italienisches Essen. Via Paina 17, 37018 Malcesine, www.alcorsaro.it
Giardinetto. Gute Pizzeria mit Panoramablick auf den Gardasee. Via Don M. Faccio 6, 37010 San Zeno di Montagna, www.balconesulgarda.com

Atemberaubende Ausblicke von der Ostflanke

Es ist noch früh am Tag, über dem See hängt der typische Morgendunst. Die Luft ist klar und würzig und die ersten Surfschüler versuchen, ihre Segel aus dem Wasser zu bekommen. Der Morgenwind, der Vento, hat noch nicht seine volle Stärke.
Von Malcesine fährt man über Torbole nach Nago und dort im Kreisverkehr Richtung Rovereto. Der steile Anstieg nach Loppio macht Laune und lässt erahnen, dass da heute noch einiges auf den Fahrer zukommt. Loppio begrüßt die Einfahrenden mit einer schönen alten Kirche. Kurz darauf geht es links hinunter ins Val di Gresta, das Tal der Gemüsegärten. Neben frischem und biologisch angebautem Gemüse ist das Tal übrigens auch ein Traum für romantische Wanderungen durch Kiefernwälder, Buchenhaine und weitläufige Wiesen. Das Maximum an Entspannung holen Sie sich im Val di Gresta beim Esel-Trekking.

Unterkunft
Hotel Castello. Hotel gehobener Klasse direkt am Fuß der alten Burg mit eigenem Strand. Via Paina 21, 37018 Malcesine, Tel. +39/045/740 02 33, www.h-c.it
Residence Goethe. 1,5 Kilometer vom historischen Stadtkern entfernt, herrlicher Seeblick, Schwimmbad und Whirlpool. Loc. Val di Sogno, Via Caris 8, 37018 Malcesine, Tel. +39/045/ 740 00 50, www.goethemalcesine.com
Agriturismo Tenuta La Presa. Traumhafte Lage und sehr schön eingerichtet. Loc. La Presa 1, 37013 Caprino Veronese, Tel. +39/045/ 724 23 14, www.agriturismolapresa.com

Informationen
Fremdenverkehrsbüro Malcesine, Via Capitanato 8, 37018 Malcesine, Tel. +39/045/740 00 44, www.visitgarda.com
L'Ufficio di Informazioni Turistiche IAT, Palazzo Carlotti, Piazza Roma 6, 37013 Caprino, von Juni bis September geöffnet, Tel. +39/045/ 620 99 55, www.comune.caprinoveronese.vr.it

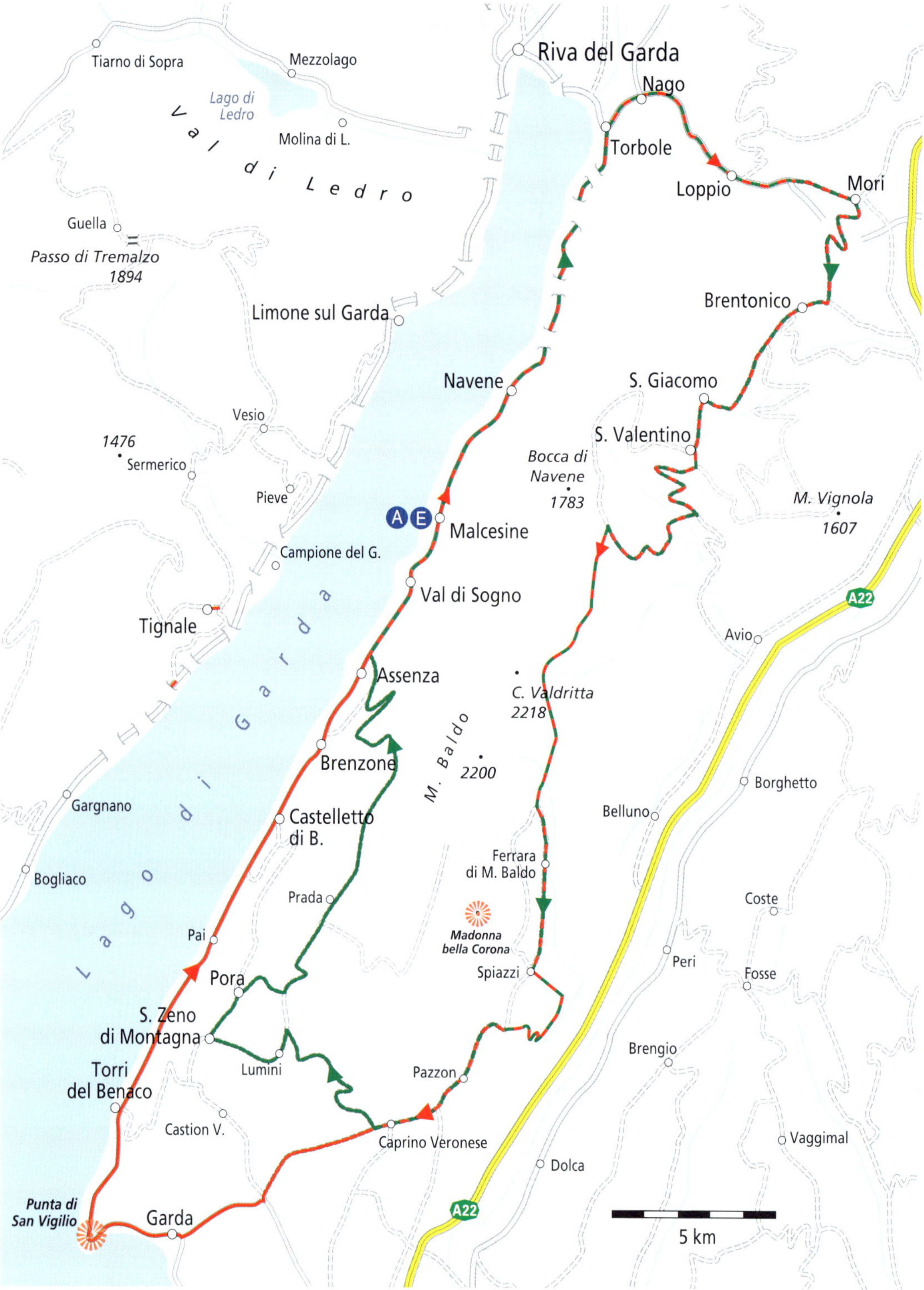
Riva del Garda
Nago
Torbole
Loppio
Mori
Tiarno di Sopra
Mezzolago
Lago di Ledro
Molina di L.
Val di Ledro
Guella
Passo di Tremalzo
1894
Limone sul Garda
Brentonico
Navene
S. Giacomo
Vesio
S. Valentino
1476
Sermerico
Bocca di Navene
1783
Pieve
M. Vignola
1607
A E
Malcesine
Campione del G.
Val di Sogno
A22
Tignale
Lago di Garda
Avio
Assenza
C. Valdritta
2218
M. Baldo
Brenzone
2200
Borghetto
Gargnano
Castelletto di B.
Belluno
Ferrara di M. Baldo
Bogliaco
Prada
Coste
Madonna bella Corona
Pai
Peri
Spiazzi
Fosse
Pora
S. Zeno di Montagna
Brengio
Lumini
Pazzon
Torri del Benaco
Castion V.
Caprino Veronese
Vaggimal
Dolca
Punta di San Vigilio
Garda
A22
5 km

Durch engste Kehren zurück zum Lago

Die Straße führt weiter durch sattgrüne Weinfelder nach Mori. Im Ort zeigt ein braunes Schild nach rechts in die Berge: Monte Baldo. Nach 200 Metern geht es bereits in die erste Tornante. Vorbei an Rennradfahrern kommt man ein paar Spitzkehren weiter nach Besagno, einen verschlafenen Ort an der Höhenstraße. Spätestens hier ist der geschäftige Gardasee vergessen. Katzen schleichen zwischen den Häusern umher und alte Frauen halten mitten auf der Straße ihren Vormittagsklatsch. Hier erscheinen das Leben und die Menschen ein paar Umdrehungen entspannter als unten am Lago. Ein paar Kehren später rollt man nach

Auf den Monte Baldo schweben

Das Atemberaubendste gleich zu Beginn: Die Kabine im zweiten Abschnitt der Funivia Malcesine dreht sich um 360 Grad und bietet den Fahrgästen ein fantastisches Rundumpanorama. Oben angekommen, hat man 1650 Höhenmeter überwunden und befindet sich mitten im Garten Europas, einem Naturschutzgebiet mit seltener Flora und Fauna. Fahrpläne, Preise: Funivia Malcesine Monte Baldo, Via Navene Vecchia 12, 37018 Malcesine, Tel. +39/045/740 02 06, www.funiviedelbaldo.it.

Brentonico: ein hübscher kleiner Ort mit herrschaftlichen Residenzen im Ortskern. Eines der schönsten Gebäude ist der Palazzo Eccheli Baisi. Hier zeigt der botanische Garten die Blumenvielfalt der Monte-Baldo-Region. Wer sich ein bisschen die Beine vertreten will, tut das auf dem Naturpfad Sentiero delle Regole und erhält so weitere Einblicke in die Pflanzen- und Blumenwelt des Monte Baldo.

Wir kehren zurück auf die Route und fahren weiter dem braunen Schild Richtung Monte Baldo hinterher. Es folgt ein frisch geteertes Stück Straße. Hier, wie auch auf dem größten Teil der Höhenstraße, ist man positiv überrascht von der Qualität des Belags – meistens frisch und griffig. Die vielen gut gelaunten Motorradfahrer auf der Strecke sind der beste Beweis dafür, dass die italienische Baubehörde hier einen guten Job macht. Auf einer immer enger werdenden Straße schlängelt man sich nach San Giacomo. Links oben

Malcesine – die Perle am Lago

Der Ort ist einer der beliebtesten am Gardasee. Trotz des unübersehbaren Tourismus hat er sich seine Seele bewahrt. Kleine Gässchen, holpriges Kopfsteinpflaster, pittoreske Häuser – hier fühlt man sich direkt wohl. Südlich von Malcesine geht es über eine schöne Uferpromenade bis zur Halbinsel Val di Sogno, die üppig mit mediterraner Vegetation bewachsen ist. Nördlich von Malcesine kommt man an einen Strand – hier treffen sich Badegäste und Surfer.

Die Silhouette von Malcesine ist geprägt von Bergfried und Turm des Castello Scaligero. In der Burg kann man sich im Museo del Baldo e del Garda über Tiere, Pflanzen und die Geologie der Region informieren. Einen schönen Blick auf den Gardasee gewährt der auf der Nordseite gelegene Balkon. Einen Spaziergang lohnt zudem der Hafen mit dem im 15. Jahrhundert erbauten Palazzo dei Capitani.

Der charmanteste Ort für einen Sundowner in Malcesine ist allerdings der alte Hafen. Vom Parkplatz geht man nach unten in den Ort und hält sich rechts. Vorbei an Boutiquen, Restaurants und Eisbuden, immer in Richtung See. Den alten Hafen teilen sich drei Restaurants. Am schönsten ist es, den Sprizz an der Bar zu bestellen und unten auf den Stufen, direkt am Lago, zu trinken. Salute!

Natur pur – im Corna Piana am Monte Baldo

erscheint der erste Skilift, der daran erinnert, dass hier auch im Winter etwas los ist. Die Skiregion Monte Baldo bietet von Weihnachten bis März auf elf Kilometern Piste zwischen 1260 und 1749 Meter Höhe Skispaß in beeindruckender Kulisse.

An der Kreuzung in San Valentino geht es links runter ins Etschtal – für den Monte Baldo bleibt man allerdings auf der Straße und folgt geradeaus den Schildern Richtung Lago di Garda und Monte Altissimo. Und dann heißt es aufpassen. Es folgen zwei niedrige und enge Tunnel, das Cabrio duckt sich unter weit überhängende Felsen und nach ein paar weiteren engen Kurven erreicht man das Rifugio Graziani auf 1620 Metern. Zeit für einen Cappuccino und vielleicht sogar für einen Spaziergang in dem nahe gelegenen Corna Piana, dem Garten Europas, wie Botaniker die Gegend hier aufgrund der vielen und seltenen Pflanzen bezeichnen. Im Rifugio Graziani machen Bilder und Bücher Lust auf die Blumenvielfalt. Fragen Sie einfach nach – das freundliche Personal des Graziani erklärt Ihnen gerne Berg und Blumen.

Frisch ist es hier oben. Weiter geht es durch saftig grüne Wiesen, die Straße schlängelt sich wie ein schwarzes Band durch ein buntes Meer alpiner Blumen. Über uns: die Zweitausender des Monte-Baldo-Massivs, Cima delle Pozzette, Cima Valdritta und

Faszinierende Felsenkirche

Die Wallfahrtskirche Madonna della Corona wurde am 19. Mai 1193 erstmals urkundlich erwähnt. Ab 1437 gingen Kirche und Einsiedelei ein Bündnis mit der Commenda der Jerusalemer Ritter, die sich später Rhodoser Ritter und danach Malteserorden nannten, ein. Der Bau und das Leben damals müssen extrem beschwerlich gewesen sein. Etwas komfortabler – sofern man das so sagen kann – wurde es ab dem 16. Jahrhundert, als die Kirche mit einem Windensystem eine Verbindung zum Tal bekam – so konnten Materialien wie auch Personen vom Felsvorsprung ins Tal gebracht werden. Schon seit dem Mittelalter haben hier Mönche des San-Zeno-Klosters von Verona gelebt. Im Jahre 1434 ging das Heiligtum auf den Malteser-Kreuz-Orden über. Besonders verehrt wird eine Madonnenstatue mit dem toten Jesus Christus auf den Knien. Diese Statue soll, so die Legende, zweimal von der Insel Rhodos weggeflogen sein, bevor sie 1522 in den Besitz der Türken geriet und anschließend auf den Monte Baldo gebracht wurde. Auf jeden Fall sehenswert!

Wallfahrtsort Madonna della Corona, 37010 Spiazzi, Ferrara di Monte Baldo.

Punto Telegrafo. Die Gegend hier, die urtümliche und beeindruckende Natur, erinnert an Irland oder Neuseeland. Es geht nun auf engen Kurven bergab Richtung Spiazzi. Bei den spektakulären Ausblicken sollte man nicht vergessen, auf die Straße zu achten. Vor nicht einsehbaren Kurven und Kehren macht man es wie die Italiener: hupen.

In Spiazzi lohnt ein Ausflug zur Wallfahrtskirche Madonna della Corona. Der Parkplatz ist am Ortsausgang. Von dort aus führt ein Kreuzweg, über den sogar schon Papst Johannes Paul II. pilgerte, über 15 Stationen zur Kirche. Nach circa 30 Minuten erreicht man die Felsenkirche auf 775 Meter Höhe. Der Anblick ist atemberaubend. Die Wallfahrtskirche ist wie ein Schwalbennest in den Fels hineingebaut.

Wieder hinter dem Lenkrad, geht es auf einer breiten und gut ausgebauten Landstraße weiter in Richtung Garda. Auf dem Weg nach Caprino Veronese fährt man durch schöne Kehren und über ein paar Höhenzüge mit tollen Ausblicken, die zu einem

Fotostopp einladen. In Caprino Veronese scheiden sich nun die Geister – in Abenteurer und Genießer. Um eines vorwegzunehmen: Beide Routen haben ihren Charme.

Besser mal hupen!

Tour für Genießer

Es geht weiter Richtung Garda über Pesina und Costermano. Diese Route hat ihren besonderen Reiz im warmen Abendlicht. Gemütlich und gemächlich cruist man durch sanfte Kehren hinunter zum Lago und mit ein bisschen Glück erlebt man einen traumhaft schönen Sonnenuntergang. Die tiefstehende Sonne spiegelt sich auf dem Lago und das Orange im Wasser, das Grau des gegenüberliegenden Felsmassivs und das prächtige Grün der Pinien schaffen eine Komposition, die Menschen seit Jahrhunderten begeistert. Im frühen Mittelalter ließen sich hier die Goten nieder. Auf dem Rocca di Garda, dem Berg südlich von Garda, bauten sie ihre Burg. Aber auch nach den Goten herrschte hier mächtig Verkehr – erst kamen die Langobarden, dann die Franken, die Skaliger und letzten Endes

IN PR 364

die Venezianer, die die Uferpromenade mit herrschaftlichen Villen und Palästen verschönerten. Damit schufen sie den Grundstein für das heutige Garda, in das man jetzt tiefenentspannt einrollt.

Nichts für ängstliche Beifahrer

In Garda erinnert vor allem der historische Kern stark ans Mittelalter. Enge, teilweise überdachte Gässchen, Steinhäuser, die sich aneinanderlehnen, und grob gepflasterter Straßenbelag. Zum Ausklang ein Sundowner? Einen schönen Blick auf See und Sonnenuntergang hat man auf der Terrasse des Hotels Tre Corone, gleich zu Beginn der Fußgängerzone. Oder man fährt nach Punta San Vigilio, nordwestlich von Garda – da gibt es angeblich die schönsten Sonnenuntergänge direkt am See. Auf der gemütlichen Rückfahrt in Richtung Malcesine gleitet man durch Ortschaften, die sich langsam fürs Abendessen bereit machen. Tische werden auf die Straße gestellt, die ersten Gäste sitzen mit einem Aperitif am Wasser. Die Luft ist würzig, Zypressen am Ufer, dahinter das orange glitzernde Wasser, hie und da ein flüchtiger Duft von Pizza oder Pasta. Und dann kommt der Hunger.

Ein Traum für Kurvenfetischisten

Linke Seite: Bitte auf die Radfahrer achten!

Einmal im Jahr findet hier der legendäre Gran Fondo Eddy Merckx statt, ein Radmarathon, der Bikerherzen höher schlagen lässt.

Tour für Abenteurer

In Caprino Veronese biegt man nach San Zeno ab. Hier herrscht in der Regel nicht viel Verkehr. Auf der engen Straße erklimmt man in engen Kehren den Hang Richtung Albisano und weiter Richtung San Zeno. Immer weiter lässt man den Lago zurück. In San Zeno, direkt am Ortseingang, liegt das Giardinetto (zu Deutsch: kleiner Garten), eine familiengeführte Pizzeria mit den typischen italienischen Gerichten. Das Essen ist gut und noch besser ist der schöne Blick auf den Lago. Ein Schild in der Ortsmitte weist uns den Weg nach Pora. Die Straße wird nun immer enger und der Straßenbelag schlechter – das Abenteuer beginnt. Die Natur hat einen definitiv zurück und man taucht ein in sattes Grün, das die Straße zu verschlucken droht. Äste hängen fast bis auf Autohöhe herunter. Es geht vorbei an blühendem und duftendem Holunder. In Lumini hält man sich weiter auf der Via Panoramica. Und dann heißt es aufpassen. Die Straße wird eng und enger, zwei Fahrzeuge haben hier nicht nebeneinander Platz – bei Gegenverkehr muss man rangieren. Die

Auf den kleinen und engen Pässen sollte man sein Auto beherrschen.

Straße scheint in den nackten Fels hineingeschlagen, jeder Zentimeter, den man dem Berg abtrotzen konnte, wurde genutzt, Raum für eine Seitensicherung der Straße blieb da nicht immer. Da heißt es vorsichtig und langsam fahren, vor allem, weil man ab und zu den Blick links hinunter auf den Gardasee richten sollte. Diese Tour ist ein Genuss für jeden, der fernab der vielgefahrenen Routen unterwegs sein will – der blanke Horror für nervenschwache Beifahrer.

Es geht nun wieder hinunter, zurück zum See. Haarnadelkurve reiht sich an Haarnadelkurve. Anbremsen, runterschalten, ausholen, einlenken und dann die Kurve zumachen. Gibt es etwas Schöneres? Man hat einen tollen Blick auf die Halbinsel Val di Sogno, die davorliegende Isola Sogno und die dicht bewaldete Isola dell'Olivo. Auf der anderen Seeseite sieht man Tignale, Pieve und Tremosine, darüber den knapp 2000 Meter hohen Monte Tremalzo. Langsam wird die Luft wieder wärmer und man kann die Zivilisation fast schon riechen. Die ersten Steinhäuser tauchen auf, eng an den Berg gedrängt. Dann werden es immer mehr. Schließlich und viel zu schnell erreicht man die Küstenstraße. An der Trattoria Monte Baldo biegen wir rechts ab und mit Halbgas geht es zurück nach Malcesine zu einem Sundowner unten am alten Hafen. Der Fahrer hat ihn sich redlich verdient. Und der Beifahrer erst recht.

IN PR 364

Die Abenteurerroute bietet spektakuläre Fotospots.

4 Mal Seen sehen

Die Molvenosee-Tour garantiert Fahrspaß, tolle Ausblicke und ein gerüttelt Maß an Entspannung

Etappen
Torbole – Nago – Arco – Sarca – Santa Massenza – San Lorenzo – Molveno – Andalo – Mezzolombardo – Spormaggiore – Andalo – Molveno – San Lorenzo – Santa Massenza – Val di Lomasone – Ballino – Ville del Monte – Riva

Länge
Ca. 150 km

Dauer
6 Std.

Essen & Trinken
Alt Spaur. Freundliche Albergo mit schöner Terrasse und guten, einfachen Gerichten. Via Trento 3, 38010 Spormaggiore
Osteria Le Servite. Schön in einem Klostergebäude untergebracht, mit superbem Essen. Via Passirone 68, 38062 Arco, www.leservite. com
Ristorante El Filo. Ein Geheimtipp für regionale Küche in rustikalem Ambiente. Hier gehen auch die Einheimischen essen. Piazza Scuole 5, 38018 Molveno,
Tel. +39/0461/ 58 61 51
Pizzeria Ristorante Da Lucio. Sehr gute, pikante Pizzen – auch ohne Olio piccante. Passo del Ballino, 38075 Fiavè, Tel. +39/0465/ 73 52 38
Ristorante Al Volt. Ausgesprochen leckeres italienisches Essen. Via Fiume 73, 38066 Riva del Garda, www.ristorantealvolt.com

Vom Gardasee ins schöne Sarcatal, vorbei am Lago di Cavedine in Richtung Molvenosee – und zurück über Mezzolombardo und das märchenhafte Val di Lomasone. Willkommen zu einer Tour, die neben einigen bezaubernden Seen, einer halsbrecherischen Bergstraße und unzähligen tollen Ausblicken auch den berühmten Trentiner Grappa bietet. Wohl bekomm's!

In Torbole biegt man im Kreisverkehr nach Nago ab und sofort geht es bergauf. Dieser steile Anstieg war im Jahr 1437 übrigens Bühne für ein bizarres Schauspiel: Venedig bekriegte sich damals mit Mailand, das den kompletten Gardasee mit all seinen Häfen beherrschte. Die Venezianer hatten eigene Interessen an See und Lage und waren zudem nicht faul. Sie schifften ihre komplette, an der Adria liegende Flotte über die Etsch bis direkt an den Pass von Nago. Dort spannten sie 2000 Ochsen vor die Schiffe und schleppten sie den Pass hinauf. Dann rollten sie ihre sechs Galeeren und 25 kleinere Kriegsschiffe auf Tausenden von Baumstämmen an die Ufer von Torbole. Wie man sich leicht vorstellen kann: Die Mailänder waren sehr überrascht und wurden vernichtet.

In Nago fährt man wieder hinunter nach Arco. Aus den engen Kurven bietet sich ein schöner Blick auf das

Valle dei Laghi, das Tal der Seen, und das Wahrzeichen von Arco, die Burgruine hoch oben auf dem Fels.

Weiter geht es in das fruchtbare Hochtal von Cavedine hinein – durch saftige Wiesen, vorbei an Weinreben und Obstbäumen. Die Straße ist hier einfach und entspannt zu fahren. Man gleitet durch sanfte Kurven und genießt das Lichter-Wechselspiel von dunklem Wald, hellem und schroffem Fels zur Linken und grünen Wiesen zur Rechten.

Über den Fluss Sarca fährt man in das Sarcatal hinein. Lust auf ein Picknick? Rechts geht es zum tiefgrünen Lago di Cavedine. Die schmale Küstenstraße ist bei Rennradfahrern sehr beliebt und eine häufig frequentierte Trainingsstrecke; daher bitte vorsichtig fahren. Hier gibt es direkt am See zahlreiche malerische Plätze für ein gemütliches Picknick. Der romantische, dunkle

Unterkunft

Hotel Sole****. Hotel im Stil der altehrwürdigen Grandhotels. Direkt im Hafen, Balkone mit Seeblick buchbar. Piazza III Novembre 35, 38066 Riva del Garda, Tel. +39/0464/ 55 26 86, www.hotelsole.net

Hotel Santellina. Für eine ruhige, kühle und romantische Bergnacht eignet sich das günstige und freundliche Hotel. Passo Santel 10, 38010 Fai della Paganella, Tel. +39/ 0461/58 31 20, www.hotelsantellina.com

Hotel Belfort**. Einfaches, aber sauberes Hotel. Loc. Castel Belfort, 38010 Spormaggiore, Tel. +39/0461/ 65 31 10, www.hotelbelfort.it

Informationen

INGARDA, Largo Medaglie d'Oro al Valor Militare 5, 38066 Riva del Garda, Tel. +39/0464/55 44 44, www.gardatrentino.it

Molveno Holiday S.cons.r.l., Piazza Marconi 3, 38018 Molveno, Tel. +39/0461/ 58 60 86, www.dolomitimolveno.com

Associazione Pro Loco Mezzolombardo, Corso Popolo 6, 38017 Mezzolombardo, Tel. +39/0461/175 25 25, www.visittrentino.it/de/localita/mezzolombardo

Castel Toblino für Cappuccino und Seeblick

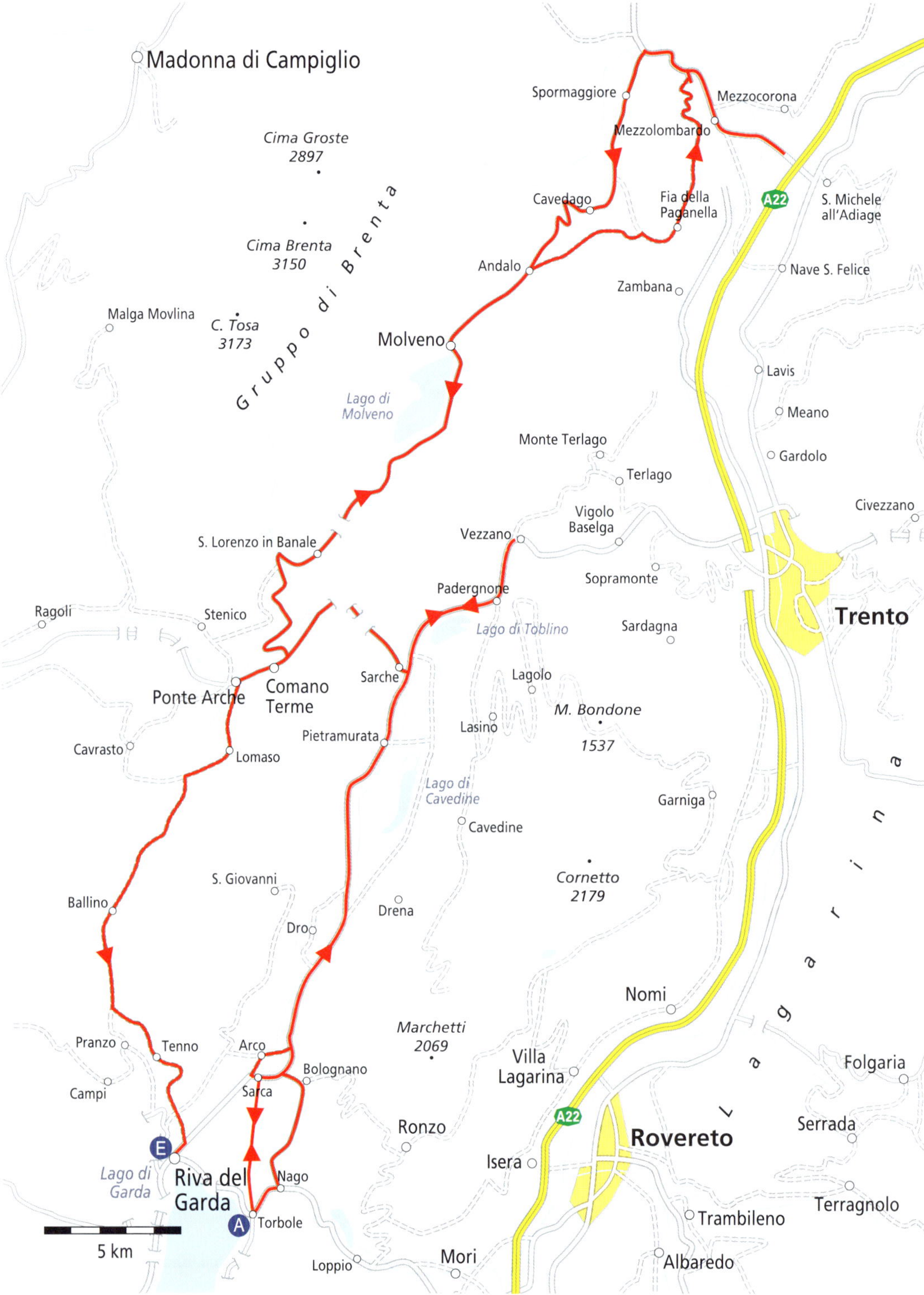

Madonna di Campiglio
Cima Groste
2897
Cima Brenta
3150
Gruppo di Brenta
C. Tosa
3173
Malga Movlina
Spormaggiore
Mezzocorona
Mezzolombardo
Cavedago
Fia della Paganella
S. Michele all'Adiage
A22
Andalo
Nave S. Felice
Zambana
Molveno
Lago di Molveno
Lavis
Meano
Monte Terlago
Gardolo
Terlago
Vigolo Baselga
Civezzano
Vezzano
S. Lorenzo in Banale
Sopramonte
Padergnone
Ragoli
Stenico
Lago di Toblino
Trento
Sardagna
Sarche
Ponte Arche
Comano Terme
Lagolo
M. Bondone
1537
Lasino
Cavrasto
Pietramurata
Lomaso
Lago di Cavedine
Garniga
Cavedine
Lagarina
S. Giovanni
Cornetto
2179
Ballino
Drena
Dro
Nomi
Marchetti
2069
Pranzo
Tenno
Arco
Villa Lagarina
Folgaria
Bologiano
Campi
Sarca
Ronzo
Serrada
Rovereto
E
Isera
Lago di Garda
Riva del Garda
Nago
Terragnolo
A
Torbole
Trambileno
5 km
Loppio
Mori
Albaredo

See, das gegenüberliegende Brentamassiv und die Ruhe zeigen wieder einmal, wie schnell man dem Touristentrubel direkt am Gardasee entfliehen kann.
Kurz vor Sarca biegt man rechts nach Toblino ab und sieht bald auf der rechten Seite das Castel Toblino. Der ehemalige Sommersitz der Bischöfe wurde restauriert und beherbergt heute ein Restaurant und eine Bar. Wer nicht gerade am Lago di Cavedine pausiert hatte, sollte sich hier unbedingt Zeit für einen Cappuccino nehmen. Den hübschen Blick auf den Toblinosee gibt es gratis dazu.
Liebhaber von gutem Grappa fahren nun nicht direkt zurück nach Sarca, sondern machen Halt in Santa Massenza. Einfach noch ein bisschen weiter am Toblinosee entlangfahren und dann den Wegweisern nach links folgen. Santa Massenza ist ein beschauliches 150-Seelen-Dorf mit fünf Schnapsbrennereien. Etwas überraschend heißen alle Poli. Auf Nachfrage erfährt man, dass sie alle miteinander verwandt sind. Und dass es egal ist, wo man seinen Grappa kauft, denn sie sind alle nach der alten Trentiner Methode gebrannt und sehr gut. Der Trester wird hier nicht wie sonst üblich gepresst, sondern langsam und schonend in einem Wasserbad erwärmt. Der Grappa kommt dann in Holzfässer, in denen er in aller Ruhe reifen kann.
Wieder geht es über die Sarca – übrigens ein Geheimtipp für Fliegenfischer –, und damit verlässt man das Sarcatal über sechs wunderbar gezogene Kehren. Nach ein paar weiteren Kurven folgt man dem Wegweiser nach Molveno rechts über eine mächtige Brücke. Der Fahrer kann sich jetzt auf ein paar Serpentinen und enge Kurven freuen. Schnell erreicht man eine Art Hochtal und schwingt sich dort entspannt von einer Kurve zur nächsten. In San Lorenzo in Banale bietet sich die Bar Donati für einen Espresso an. Direkt an der Straße kann man zum einen das schläf-

Canale di Tenno

Canale klammert sich buchstäblich an den Hang und ist definitiv einen Ausflug wert. Enge, gepflasterte Gässchen, Bogengänge, kleine Innenhöfe, Häuser, die sich aneinander anlehnen – man kommt sich vor wie im Mittelalter. Dieses pittoreske Bergdorf ist eine Perle inmitten der sanften mediterranen Landschaften des Garda Trentino. Nicht verwunderlich, dass Canale di Tenno in die Liste der schönsten italienischen Dörfer aufgenommen wurde. In den Nachkriegsjahren war das Dorf verlassen und wurde erst dank kultureller Initiativen erst langsam und behutsam wieder zum Leben erweckt. Im Ort befindet sich heute das Künstlerhaus Casa degli Artisti, das nach dem Kunstmaler Giacomo Vittone benannt ist und als Ort der Begegnung wie auch als Wohnraum für Künstler aus ganz Europa dient.

Rechte Seite: Wer hier nicht rangiert, verliert!

rige Dorfleben und zum anderen die Motorradfahrer beobachten, die in Richtung Molvenosee fahren. Entlang des Rio dei Molini kommt man hinter San Lorenzo zum spektakulärsten Teilstück der heutigen Tour. In den fast senkrechten Fels wurde hier eine Straße hineingeschlagen, die das Sarcatal mit Molveno verbindet. Die Straße folgt exakt der Kontur des Berges. Die Überhänge und Galerien entlang des kurzen Stückes sind ein Foto, aber doch zumindest des Sehens wert – vor allem, wenn man sich später noch einmal verdeutlicht, was die italienischen Straßenbauer da Großartiges erschaffen haben.

Fest in Familienhand: Der Grappa in Santa Massenza kommt von Poli.

Nach einer Rechtskurve ist es dann so weit – vor der Kühlerhaube taucht der Molvenosee auf. Er liegt auf 864 Höhenmetern, ist ungefähr vier Kilometer lang und bis zu 120 Meter tief. Wie jeder Gebirgssee, der durch Schmelzwasser und kleine Gebirgsbäche gespeist wird, ist auch der Molvenosee eiskalt. Wir erreichen die Sommerfrische Molveno am nördlichen Ende des Sees. In Molveno mit seinen 1100 Einwohnern muss man nicht unbedingt anhalten. Man sieht die typisch alpinen mehrstöckigen Häuser mit Ferienwohnungen und Hotels. Unten am See gibt es zwei Bistros für einen Kuchen oder einen kalten Snack.

Den schönsten Blick auf den See hat man von der Passstraße in Richtung Andalo. In Andalo selbst wird offenbar, wie nah hier Sommer- und Winterurlaub zusammenliegen. Ist es am Gardasee noch mild, mediterran und charmant, ist man hier oben fasziniert von einer landschaftlich rauen, hochalpinen Schönheit. Andalo liegt auf einem Sattel zwischen der Brentagruppe und

IN PR 364

der Paganella und ist damit fest in der Hand der umliegenden Berge.
Es geht nun weiter nach Mezzolombardo. In der Altstadt angekommen, folgt man dem Schild »Centro Storico« und passiert farbenfrohe Patrizierhäuser. Mezzolombardo liegt am Ausgang des Val di Non, wo der Fluss Noce in die Etsch fließt. Bekannt sind der Ort und die Weinbaugemeinde vor allem durch die Rotweinsorte Teroldego. Die Rebsorte wächst hier in der Piana Rotaliana am besten. Diese Ebene wurde durch das Treibgut des Noce gebildet.
Auf der A43 geht die Tour weiter in Richtung Cles und führt dann links über eine Brücke nach Andalo. Vor einem liegen nun bis Spormaggiore noch ein paar schöne Kurven. In Spormaggiore kümmert man sich um den kleinen oder großen Hunger im Alt Spaur bestens. Das Haus führen zwei nette italienische Damen und auf der Terrasse genießt man neben köstlichen Gerichten einen traumhaften Blick auf die Weinberge. Wer hier oben über Nacht bleiben will, geht in das ganzjährig geöffnete Hotel Belfort. Neben Spezialitäten

Die Burgruine von Arco

Das Castello liegt auf einem markanten Felsspitz 273 Meter über dem Meeresspiegel oberhalb der Gemeinde Arco und des Sarcatales und ist vom Ort aus in etwa zwanzig Minuten zu erreichen. Schon im Mittelalter war der Burgweg von Arco besiedelt. Den quadratischen Turm errichteten 516 die Goten, im 11. Jahrhundert bauten einheimische Adelige den Rest der Burg. Schließlich übernahm das Adelsgeschlecht von Arco die Burg und führte sie bis zum Jahre 1253. Ab diesem Zeitpunkt wurde sie während mehrerer mittelalterlicher Fehden erfolglos belagert und galt dann irgendwann als uneinnehmbar. In den spanischen Erbfolgekriegen geriet die Burg erneut unter heftigen Beschuss und wurde diesmal empfindlich beschädigt. Die Besatzung kapitulierte schließlich 1703 und danach verfiel die Burg mehr und mehr. 1982 erwarb die Gemeinde Arco die Burgruine. Seitdem wurden umfangreiche Sicherungs- und Renovierungsarbeiten vorgenommen. So wurden die Türme gesichert und der Mauerring erneuert und verstärkt. Bei Grabungen entdeckte man zwei ehemalige Zisternen und einige Fresken.

Perfekt für einen Sprizz – der Hafen von Riva

aus der Trentiner Küche lockt hier ein Spaziergang auf das Hochplateau der Paganella, auf dem einem durchaus ein Braunbär begegnen könnte. Allerdings zum Glück hinter einem Zaun. Seit 1994 versucht man hier, das größte Säugetier der Alpen wieder einzugliedern – aktuell sind es drei Braunbären. Mit etwas Glück sieht man auch einen der Wölfe und Luchse.

In Ponte Arche hält man sich links in Richtung Riva. Es folgen vier zackige Haarnadelkurven. Nach so viel Entspannung bis hierher kann man es nun wieder ein bisschen fliegen lassen. Hinter Lomaso sind es noch ein paar Kehren nach Dasindo. Runter vom Gas, runterschalten, umsehen. Denn dieses Hochtal, Val di Lomasone, ist der Inbegriff von Entschleunigung und friedlicher, unberührter Glückseligkeit. Bunte Wiesenblumen auf den Bauernweiden, spielende Kinder, zwitschernde Vögel, tiefenentspannte Kühe auf den Weiden und mindestens genauso entspannte Menschen, die im Schatten ihrer Bauernhäuser auf der Hausbank dösen. Eingerahmt ist dieses fast inszeniert wirkende Bild von den steilen Bergen der Brentagruppe.

Es geht nun wieder sachte bergab – in sanften Kurven nähert man sich Ballino und dann kommen die Kehren, die einen

IN PR 364

schnell die Höhe hinunter zum Lago überwinden lassen. Man passiert das Ortsschild »Ville del Monte«. Gemeint sind damit die vier verstreuten Fraktionen der Trentiner Gemeinde Tenno: San Antonio, Calvola, Pastoedo und Canale. Am beeindruckendsten ist sicherlich Canale, das mehrere Jahrhunderte

scheinbar unverändert überstanden hat. Hier lohnt ein Spaziergang durch die eng aneinanderstehenden Steinhäuser im Trentiner Baustil am südlichen Hang des Monte Misone.

Ganz unerwartet hat man nach einer Spitzkehre den Lago wieder im Blick. Trotz des typisch nachmittäglichen Gardasee-Dunstes, der dem See und den Bergen etwas an Farbe und Präsenz stiehlt, ist der Blick von hier oben auf den Untersee und das gegenüberliegende Monte-Baldo-Massiv beeindruckend. Es ist sicherlich eine der schönsten Anfahrten zum Lago. Wir genießen die letzten Kurven hinunter nach Riva, in denen es langsam, aber sicher deutlich wärmer wird.

Anspruchsvoller Fahrspaß über dem Sarcatal

Linke Seite: Raus aus den Bergen, den See und das Monte-Baldo-Massiv im Blick

Abstieg vom Monte Baldo.
Besser geht's nicht.

5 Ins wildromantische Val di Daone

Über den Lago di Ledro ins Val di Daone

Etappen
Riva – Biacesa – Pre di Ledro – Molina di Ledro – Bezzecca - Val di Concei – Storo – Daone – Lago di Malga Bissina – Tione – Bolbeno – Passo Durone – Ballino – Lago di Tenno – Riva

Länge
Ca. 100 km

Dauer
Tagestour

Essen & Trinken
Trattoria Al Castello. Beliebtes Lokal direkt neben der Burg. Auf den Teller kommt, was die Jahreszeit bietet. Via Castello 3, 38060 Tenno, Tel. +39/0464/50 06 38
Bar Ristorante Affittacamere Passo Durone. Hier kann man einen typischen italienischen Snack à la Panino & Co. einnehmen und von der Terrasse die vorbeirauschenden Motorradfahrer beobachten. Passo Durone, Bleggio Superiore, Tel. +39/0465/ 77 92 96
Leon d'Oro. Ein typisches italienisches Familienrestaurant mit umfangreicher Speisekarte – aber alles von ausgezeichneter Qualität. Via Fiume 28, 38066 Riva del Garda, www.leondororiva.it

Diese Tour überrascht und begeistert. Sie zeigt, wie nah der touristisch erschlossene Gardasee an einer rauen Bergwelt in ihrer Ursprünglichkeit und Urwüchsigkeit liegt. Man gelangt nach einigen Höhenmetern in ein Naturparadies, das frische Luft ins Cabrio treibt.

Riva macht sich gerade für den Tag fertig. Die ersten Mountainbiker sitzen bereits im Sattel und beginnen eine der vielen Touren, die von Riva starten. Die Surfer warten auf Wind und erfreuen sich an der milden Morgensonne.
In Riva fährt man im Kreisverkehr Richtung Val di Ledro, es folgen mehrere Tunnel. Der letzte Tunnel scheint ewig, irgendwann ist er dann doch zu Ende und man fährt in die Comune di Ledro. Vorbei an immergrünen Olivenbäumen cruist man auf einer schmalen Straße durch Biacesa. Schon hier merkt man deutlich: Das ist nicht mehr der Lago mit mediterranem Weichspüler, das hier ist eine ehrliche, etwas rauere Welt. Auf einer guten Straße

Attenzione: Die Tunnel sind manchmal nicht beleuchtet.

Der gelbe Hund im Hafen von Riva

Unterkunft
Lido Palace***** Viale Carducci 10, 38066 Riva del Garda, Tel. +39/0464/02 18 99, www.lido-palace.it
B & B Da Silvia. Neues Bergsteinhaus mit fünf Zimmern, von Silvia familiär geführt. Loc. Bissina, 38080 Daone, Tel. +39/0333/ 239 34 91, www.dasilviabissina.it

Informationen
INGARDA, Largo Medaglie d'Oro al Valor Militare 5, 38066 Riva del Garda, Tel. +39/0464/55 44 44, www.gardatrentino.it
Consorzio Pro Loco Alta Val Giudicarie, Via Brescia 99, 38085 Lardaro, Tel. +39/0465/90 12 17, www.visittrentino.it/de/localita/daone

schlängelt man sich am Fuß eines saftig grünen Hanges entlang, in weiten Kurven durch das Val di Ledro.
Nach ein paar Serpentinen erreicht man Prè di Ledro. Das Dorf liegt in einer Mulde am Fuß des Monte Carone. Aus diesem Grund sehen die Bewohner von Prè vom 11. November bis zum 5. Februar keine Sonne. Umso größer ist die Freude, wenn sie dann wieder ins Dorf scheint – jeden Februar feiern die Bewohner La Festa del Sole, das Sonnenfest. Auch ansonsten hatten es die Bewohner des Ledro-Hochtales nicht leicht. Über viele Jahrhunderte konnte man den Gardasee nur über einen halsbrecherischen Maultierpfad erreichen. 1847 erbarmten sich die Österreicher und sprengten sich drei Jahre durch den Fels, um eine ordentliche Verbindung zum Lago herzustellen, die Ponalestraße. Heute ist sie nur noch für Mountainbiker und Wanderer

Museum der Pfahlbauten

Direkt am Ledrosee befindet sich ein nachkonstruiertes Pfahlbautendorf, das sehr anschaulich die 3500 Jahre alte Geschichte vermittelt. Museo delle Palafitte del Lago di Ledro. Via Lungolago 1, 38060 Molina di Ledro, www.palafitteledro.it.

da. Es gibt wohl kaum eine Straße, die atemberaubendere Ausblicke auf den Lago bietet.

Über sechs schnelle Kehren erreicht man Molina di Ledro und den an diesem Tag tiefblauen Ledrosee, etwa 600 Meter über dem Gardasee gelegen. Gesäumt von dichten Bergwäldern und einem nahezu unverbauten Ufer, wirkt der Lago di Ledro wie eine unwirkliche Postkartenidylle.

Durch Birken und Kiefern geht es weiter ins Ledrotal. In Bezzecca sollte man sich einen kleinen Abstecher rechts hoch ins Val di Concei gönnen. Bereits nach ein paar Kehren hat man ein romantisches Hochtal erreicht. Niedrige, handgezimmerte Holzzäune, kleine

Häuser und uralte Scheunen säumen die engen Straßen. Nach einer sehr entspannten und entspannenden Fahrt erreicht man das Rifugio al Faggio. Zeit für einen Halt und Cappuccino.

Wieder zurück im Val di Ledro, hält man sich Richtung Storo. Auch hier zeigen die italienischen Straßenbauer, was sie draufhaben: Das Ledrotal musste mit dem tiefer gelegenen Giudicarie verbunden werden. Dafür mussten enge Spitzkehren in die Vento-Schlucht geschlagen werden. Beides ein Genuss: die Kurven und die Aussicht. In Storo geht es rechts auf die N 237 Richtung Tione. Nach so viel Kurven tut die gerade Straße gut. Man gleitet entspannt auf gut ausgebauter Strecke durch Cologna und Creto und biegt dann rechts ab, um links in das Val Daone zu fahren.

Ab hier heißt es wieder volle Konzentration. Bei aller gebotenen Vorsicht und Vernunft: Wer ein paar Pferde mitgebracht hat,

Auf dem Weg von Riva in die Hochebene von Lomasone

Die Gipel der Adamellogruppe über dem Lago di Malga Bissini

sollte sie hier auch ein bisschen laufen lassen. So erreicht man schnell das kleine Dorf Daone. An Architektur und Vegetation merkt man, wie weit der Lago di Garda entfernt ist – obwohl es nur circa 30 Kilometer Luftlinie sind. Man sieht den Häusern die Höhe an, dunkle und kalte Winter, Schnee und viel Regen. Weiter geht es über eine schlechter werdende Straße bergan. Links taucht die Staumauer des ersten der beiden Seen auf. Kurz darauf fährt man durch Galerien, links hat man den Lago di Malga Boazzo im Blick – und Steinbrocken von der Größe eines Lastkraftwagens. Weiter geht es, vorbei an Picknickplätzen, die Camper zum Übernachten nutzen. Nach ein paar letzten Serpentinen mit nicht sonderlich vertrauenserweckenden Straßenbegrenzungen steht man oben am Lago di Malga Bissina. Über die gigantische Staumauer sieht man sattgrünes Wasser vor den weißen Gipfeln der Adamellogruppe; die Cima Presanella ist die höchste und misst stattliche 3556 Meter – damit ist sie zwei Meter höher als der Namensgeber des Massivs, der Monte Adamello mit seinen 3554 Metern. Oben an der Bar bekommt man einen schnellen Espresso.

Auch bergab macht das Val di Daone richtig Laune. Von oben hat man einen guten Blick auf den unteren Stausee, den Malga Boazzo. Unten angekommen, geht es weiter auf der N 237 in Richtung Tione. Man durchfährt hier einen flachen Agrarlandstrich bis Tione. Es geht vorbei an einem markanten Kirchturm mit gelbem Rautenmuster und kurz danach rechts ab nach Bolbeno.
Fahrerisch kommen nun die schönsten Kilometer dieser Tour. Es geht direkt steil bergauf, man durchfährt ein paar malerische kleine Dörfer. Der Straßenbelag ist gut, die Sonne blinzelt durch den Mischwald und wirft Licht- und Schattenspiele auf den Teer. Viel zu schnell erreicht man den Sattel des Passo Durone auf 1039 Metern mit einem kleinen Rastplatz plus Grillstelle. Kurz darauf überblickt man die Hochebene von Lomasone, die vorwiegend landwirtschaftlich genutzt wird. In langgezogenen Kehren geht es nun wieder bergab. An der nächsten Kreuzung biegen wir rechts nach Riva ab.
Man fährt nun über Ballino zurück zum Lago di Garda. Vorbei an kleinen Dörfern, an Kapellen und hübschen Dorfbrunnen. Auch wenn es sich hier nicht so anfühlt – die Straße ist tatsächlich ein Pass, der Passo del Ballino. Der Sattel liegt immerhin auf 755 Metern. Direkt hinter Ballino kommt man mit ein paar Kehren deutlich nach unten und bald erblickt man den Lago di Tenno, einen kleinen Bergsee mit smaragdgrünem Wasser. Der See ist zu schön, um einfach weiterzufahren. Wer sich hier etwas die Füße vertreten will, tut dies am besten bei einem etwa einstündigen Spaziergang um den Tennosee. Oben am Berg sieht man das malerische Castello di Tenno. Danach warten entspannte 15 Kilometer flaches Gefälle bis Riva. Für den Aperitif bietet sich die Seeterrasse des altehrwürdigen Hotels Sole im Hafen von Riva an.

Eine Traumstraße für Biker und Wanderer

Die Ponalestraße führt von Riva ins Ledrotal und ist für Mountainbiker und Wanderer ein absolutes Muss. Bis 1993 war diese teilweise abenteuerlich in den Fels geschlagene Straße die einzige Verbindung ins Ledrotal. Kaum zu glauben, dass auf dieser Straße einmal Autos fuhren. Von der Straße hat man spektakuläre Ausblicke auf den Gardasee. Nach Pregasina sind es rund zehn Kilometer und 420 Höhenmeter auf geschotterten Wegen. Nur das Teilstück von La Madonnina bis nach Pregasina ist geteert. Hier dürfen auch wieder Autos fahren. Neben der Tour nach Pregasina kommt man auf der Ponalestraße natürlich immer noch ins Ledrotal – dafür wurde sie von 1848 bis 1851 schließlich gebaut.

Direkt hinter Trento geht's
wieder in die Serpentinen.

6 Entlang der Brenta-Dolomiten

Über Madonna di Campiglio in die Täler der Äpfel und Trauben

Etappen
Riva – Lago di Tenno– Fiavè – Zuclo – Tione di Trento – Villa Rendena – Spiazzo – Bocenago – Pinzolo – Madonna di Campiglio – Folgarida – Malè – Cles – Tuenno – Denno – Mezzolombardo – Mezzocorona

Länge
Ca. 155 km

Dauer
Tagestour

Essen & Trinken
Trattoria Piè di Castello. Das Restaurant liegt auf dem Weg von Riva nach Tenno in einem winzigen Dörfchen. Hier gibt es Köstlichkeiten wie Carne Salada (hauchdünn geschnittenes Rindercarpaccio) und jahreszeitlich variierte Knödel. Via al Cingol Ros 38, 38060 Cologna di Tenno, www.piedicastello.it
Restaurant La Cacciatora und Weingut Dorigati. Restaurant an den Toren von Mezzocorona, wo man abgesehen vom berühmten Siedfleisch auch viele andere köstliche Trentiner Gerichte genießen kann. Der Betrieb gehört zum Weingut Dorigati, die Kellerei selbst befindet sich im Altstadtzentrum von Mezzocorona. Restaurant: Via Canè 133, 38016 Mezzocorona. Keller: Azienda Vinicola Fratelli Dorigati, Via Dante 5, 38016 Mezzocorona, www.lacacciatora.net, www.dorigati.it

Typisch italienische Dörfchen, dazwischen weite Obstplantagen und immer wieder kleine Seen – eine Reise im steten Wechsel zwischen hochalpiner Kulisse und den Trentiner Apfelgärten. Und eine Reise, die großteils in ruhige, verkehrsarme Gegenden um den Gardasee führt.

In Riva hängt noch die Hitze im Auto. Das wird sich schnell ändern. Bereits der Tunnel, der Richtung Lago di Tenno aus dem Ort herausführt, sorgt für Abkühlung. Im darauffolgenden Kreisverkehr geht es die dritte Ausfahrt links bergauf. Die Straße windet sich durch Olivenhaine hinauf bis Pranzo. Aus der Vogel-

perspektive blickt man auf die Industrieanlagen hinter Riva, aber auch auf den Lago, der wie frisch gewaschen blau leuchtet. Noch farbintensiver wird es am Tennosee. Er ist der sauberste Süßwassersee Italiens, besagt eine Studie. Dies strahlt er auch mit jedem Farbpigment in schillerndem Türkis aus. Der nahezu perfekt runde See liegt auf 570 Meter Meereshöhe am Fuße des Monte Misone. Im Gegensatz zum Gardasee ticken die Uhren hier etwas langsamer. Das Seeufer ist nicht bebaut und auch nicht direkt mit dem Auto erreichbar – eine mittelalterliche Treppe führt die Besucher zum See. Eingefasst ist der See von einem dichten Wald, der dem See zusammen mit den weißen Steinen am Seegrund seinen grün-türkisen Farbton und damit fast ein bisschen tropisches Flair verleiht.
Schnell muss man den Blick vom See losreißen. Gut ausgebaut schlängelt sich die Straße nach Ballino. Der Passo del Ballino befindet sich mitten im Trentino zwischen Tione di Trento im Nordosten und dem Gardasee im Süden. Ein typischer Vertreter seiner Art ist er nicht: Auf den insgesamt zehn Kilometern finden

Unten: Rasanter Aufstieg zum Lago di Tenno

Essen & Trinken

La Voglia. Deftige, reichhaltige Speisen aus den Bergen. Via Nuova 1, 38080 Bocenago, +39/0465/ 80 50 05, www.ristorantelavogliapinzolo.it

Antica Trattoria. Regionale Küche und hervorragende Weine. Via Roma 13, 38023 Cles, Tel. +39/0463/42 16 31, www.anticatrattoriacles.it

Unterkunft

Hotel Sole****. Piazza III Novembre 35, 38066 Riva del Garda, Tel. +39/0464/ 55 26 86, www.hotelsole.net

Biohotel HERMITAGE****. Die Familie Maffei führt dieses Haus mit Liebe bis ins letzte Detail – Berghotel mit viel Holz und Behaglichkeit. Via Castelletto Inferiore 69, 38086 Madonna di Campiglio, Tel. +39/0465/ 44 15 58, www.biohotelhermitage.it

Informationen

INGARDA, Largo Medaglie d'Oro al Valor Militare 5, 38066 Riva del Garda, Tel. +39/0464/55 44 44, www.gardatrentino.it

Azienda per il Turismo, Madonna di Campiglio Pinzolo. Via Pradalago 4, 38086 Madonna di Campiglio, Tel. +39 0465/44 75 01, www.campigliodolomiti.it

Associazione Pro Loco Mezzolombardo, Corso Popolo 6, 38017 Mezzolombardo, Tel. +39/0461/175 25 25, www.visittrentino.it/de/localita/mezzolombardo

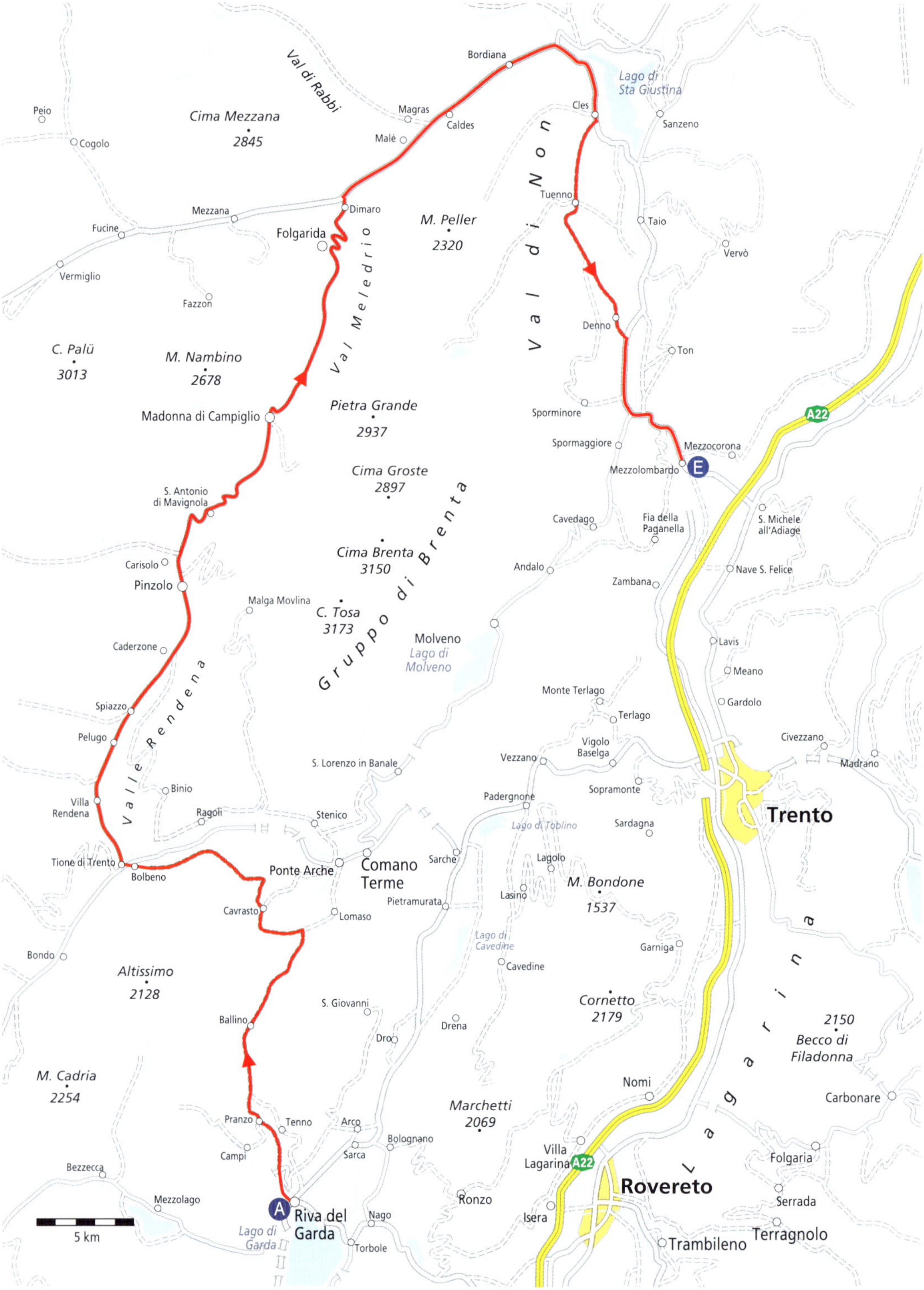
Val di Rabbi
Bordiana
Lago di Sta Giustina
Peio
Cima Mezzana 2845
Magras
Caldes
Cles
Sanzeno
Cogolo
Malé
Val di Non
Tuenno
Mezzana
Dimaro
Folgarida
M. Peller 2320
Taio
Fucine
Vervò
Vermiglio
Val Meledrio
Fazzon
Denno
Ton
C. Palü 3013
M. Nambino 2678
Madonna di Campiglio
Pietra Grande 2937
Sporminore
Spormaggiore
Mezzocorona
A22
Cima Groste 2897
Mezzolombardo
E
S. Antonio di Mavignola
Cavedago
Fia della Paganella
S. Michele all'Adiage
Cima Brenta 3150
Gruppo di Brenta
Andalo
Nave S. Felice
Carisolo
Pinzolo
Zambana
Malga Movlina
C. Tosa 3173
Molveno
Lago di Molveno
Lavis
Caderzone
Meano
Valle Rendena
Gardolo
Spiazzo
Monte Terlago
Terlago
Pelugo
Civezzano
Vigolo Baselga
S. Lorenzo in Banale
Vezzano
Madrano
Binio
Sopramonte
Villa Rendena
Padergnone
Ragoli
Stenico
Lago di Toblino
Trento
Sardagna
Sarche
Lagolo
Tione di Trento
Bolbeno
Ponte Arche
Comano Terme
M. Bondone 1537
Lasino
Pietramurata
Cavrasto
Lomaso
Lago di Cavedine
Garniga
Bondo
Cavedine
Altissimo 2128
Cornetto 2179
Lagarina
S. Giovanni
2150 Becco di Filadonna
Ballino
Drena
Dro
M. Cadria 2254
Nomi
Carbonare
Marchetti 2069
Pranzo
Tenno
Arco
Bolognano
Campi
Sarca
Villa Lagarina
A22
Folgaria
Bezzecca
Rovereto
Mezzolago
Ronzo
Serrada
A
Riva del Garda
Nago
Isera
5 km
Lago di Garda
Torbole
Trambileno
Terragnolo

Raus aus Torbole, rein in die Kurven

sich wenige Kehren. Den Rest der maximal acht Prozent steilen, aber zumeist doch recht flachen Strecke fährt man durch Felder und Dörfchen. Schatten ist auf der ganzen Strecke eher Mangelware, die Umgebung ist idyllisch und ländlich. Sanfte Hügel, gewürzt mit einem Hauch Alpen – und vor allem viel Mais rechts und links der Straße. Der Polenta-Appetit muss schließlich gestillt werden.

Auf Höhe von Fiavè hält man sich links in Richtung Passo Durone (braunes Schild). Die heute sehr ruhige Straße über den Passo Durone (1039 Meter) ist ein antiker römischer Weg, der einst die einzige Verbindung zum Gardasee war. Ost- und Westrampe sowie der Scheitel bieten wenig Aussicht, da sie in bewaldetem Gelände liegen. Auf dem Pass gibt es einen schönen Rastplatz inklusive Grillstelle. Nach unten kann man sich schön in die Kurven drehen und den schattigen Wald genießen. In Zuclo

Äpfel und Kurven: das Val di Non

wird es bei der Kirche eng, ein Spiegel gibt Einblick, wann man durchschlüpfen kann. Gleich danach kommt links ein Brunnen, ein willkommener Boxenstopp, um Hände und Kopf zu erfrischen.

Hinter Zuclo hat man einen wunderbaren Ausblick auf den Busa di Tione und die Adamellogruppe. Ab hier folgt man dem blauen Schild nach Tione, das man ein paar Kehren später erobert hat. Dass man richtig ist, erkennt man am Kirchturm der Parrocchia di S. Maria Assunta e S. Giovanni Battista, der auffallend mit gelben und grünen Kacheln gedeckt ist. Im ersten Kreisverkehr folgt man dem Schild ins Val Rendena. Eine breite Straße führt entlang des Flusses Sarca ins Tal, das das Granitgebirge des Adamello von den Brenta-Dolomiten trennt. Die Brentagruppe türmt sich rechter Hand steil auf. Mit der Cima Tosa ragt das Gebirge bis zu 3173 Meter in den Himmel. Imposant hebt sich das zackige Grau vom blauen Hintergrund ab. Bergsteiger begegnen hier Steinböcken, Gämsen, Murmeltieren und Adlern – und selten, aber vorhanden: dem Braunbären. Über 80 Vogelarten teilen sich den Himmel; also runter vom Gas und Augen auf. Doch zunächst gibt das Tal von den Naturschönheiten wenig

Naturspektakel in Tenno

Fast 100 Meter stürzt das Wasser an der Grotta Cascata del Varone mit lautem Getöse in die Tiefe. Von zwei Brücken und gesicherten Wegen aus kann man das Spektakel beobachten. Via Cascata 12, 38060 Tenno, www.cascata-varone.com.

preis. Eine Ortschaft reiht sich an die nächste: Villa Rendena, gefolgt von Vigo Rendena, dann Pelugo.
Im Herzen des Tales liegt Spiazzo. Es befindet sich geografisch an der Stelle einer Wallfahrtsstätte, die dem heiligen Vigil geweiht war. Hier erlebte Vigil, damals der dritte Bischof von Trient, im Jahre 405 n.Chr. sein Martyrium. Der Überlieferung nach stand dort, wo sich heute der Hochaltar der Pfarrkirche St. Vigil befindet, die heidnische Stelle Saturns, die von Vigil in missionarischem Eifer niedergerissen wurde. Dies empörte die Bevölkerung so sehr, dass sie ihn erschlugen. Heute ist Vigil einer der Schutzheiligen des Trentino.
Hinter Spiazzo zweigt die Straße nach Bocenago ab. Diese Route ist empfehlenswerter als die Hauptstraße: Sie führt im Dorf an typischen Häusern des Val Rendena vorbei – reich mit Portalen, Freskenmalerei und Granitbrunnen ausgestattet. 1,5 Kilometer nach dem Ort erreicht man wieder die Hauptroute.
Die Häuser, die nun vorüberfliegen, haben nichts mehr mit dem italienischen Charme von Riva tun, hier sind Holzbalustraden

Die Äpfel sind reif, die Versuchung ist groß.

Oben: Hier wird der Wein nicht mehr mit der Hand gelesen.

PIAZZA
UNITA ITALIA
S GO 2033

und Geranien Programm. Man fühlt sich Südtirol oder gar Österreich nahe und rückt tatsächlich geografisch auf – mit jedem Kilometer in Richtung Val di Sole. In Pinzolo fehlt etwas: der Schnee. Im Sommer wirkt der Ort nackt, alles erscheint auch jetzt, wo die Sonne in das Auto brennt, auf den Skitourismus ausgerichtet. Liftanlagen bringen die Gäste bis zur Spitze des Doss del Sabion auf 2101 Meter. Es wird immer kühler im Cabrio, aber abwechslungsreicher am Steuer. Kehren lösen Kurven ab. Die Strecke schraubt sich bis Madonna di Campiglio auf 1550 Meter hoch. Es ist unübersehbar: Die knapp 1800 Einwohner leben größtenteils vom Wintertourismus. Der Ort verfügt über ein ausgedehntes Skigebiet bis 2180 Meter Höhe. Madonna di Campiglio ist vor allem durch den alljährlich stattfindenden alpinen Skiweltcup bekannt. Der Sommergast hingegen findet in dem Dorf ein kleines Stück Geschichte des europäischen Golfsports: Den Golfclub Campo Carlo Magno plante nämlich der Engländer Henry Cotton im Jahr 1923. Das Golfareal, das von Juli bis Ende September geöffnet ist, befindet sich inmitten der Bergkulisse der Brenta-Dolomiten. Aber schön ist der Ort nicht wirklich, deshalb geht es weiter mit dem Aufstieg zum Campo Carlo Magno, der das Val di Sole mit dem Val Rendena verbindet. Der Pass führt auf 1702 Meter. Er ist benannt nach Karl dem Großen, der ihn auf seinem Weg nach Rom zu seiner Krönung zum Kaiser des Heiligen Römischen Reiches im Jahre 800 überquert haben soll. Jetzt ist die Sommerhitze des Lago völlig weggeblasen, hier hat sich die Lufttemperatur locker halbiert. Links und rechts breiten sich Nadelhölzer aus, es duftet nach frisch gefälltem Holz. Kurz darauf sieht man die Stämme links an der Straße aufgeschichtet. Rechts geben die Bäume den Blick auf die Brenta-Dolomiten frei, die imposant und steil aufragen, man muss den Kopf mächtig in den Nacken drücken. Der Teer ist nagelneu, der Wagen saust fast geräuschlos über den Asphalt und rasch taucht Folgarida auf, das auch noch Wintersportort und mit den Liften von Madonna di Campiglio

Cittadella del Vino in Mezzocorona

Für Weinliebhaber ist ein Besuch der Cittadella del Vino ein Muss. Zu besichtigen sind die Kellerei Rotari und die Anlagen zur Weinherstellung. Die Führungen mit Verkostung sind kostenlos. Info und Voranmeldung unter Tel. +39/0461/61 63 00 oder 61 63 01, www.cittadelladelvino.it. Öffnungszeiten: Montag bis Samstag 8–19 Uhr. Anfahrt: Brennerautobahn A 22, 400 Meter nach der Ausfahrt S. Michele all'Adige–Mezzocorona.

Linke Seite: Es lohnt sich immer wieder, in die kleinen Orte auf der Strecke hineinzufahren.

verbunden ist. Der Ortsname leitet sich vom lateinischen »filicaretum« ab und bedeutet Ort der Farne. In Dimaro hält man sich Richtung Malè und Meran, die Straße läuft breit in das Val di Non hinein. Malè, Hauptort des Val di Sole, liegt auf einer sonnigen Hochebene am Zusammenfluss der Flüsse Noce und Rabbies und bietet vor allem eines: Äpfel!

Die breite Straße führt – in Richtung Meran halten – rasch in die Bezirksstadt des Nonstals: Cles. Links blickt man über die scheinbar unendlichen Apfelplantagen auf den Stausee von Santa Giustina vor der Kulisse der Brenta-Dolomiten. Die Gegend gehört zu den bedeutendsten Handels- und Industriestandorten sowie zu den wichtigsten Obstanbaugebieten des Trentino. Auf einer Anhöhe am Seeufer erhebt sich das aus dem 12. Jahrhundert stammende Castel Cles; es befindet sich im Privatbesitz der Barone von Cles und kann somit nicht besichtigt werden. Die Stadt Cles verdankt ihre Blütezeit Bernhard von Cles, Fürstbischof von Trient und 1530 zum Kardinal erhoben. Er

Und wer nicht fahren will, geht baden!

war auch der Initiator des Konzils von Trient, dem 19. ökumenischen Konzil der römisch-katholischen Kirche.
Weiter schlängelt sich die Straße durch Äpfelfelder nach Tuenno. Noch aus prähistorischer Zeit stammend, ist Tuenno eines der ältesten Dörfer des Tales. Besonders der Obstanbau brachte einen gewissen Wohlstand in den Ort – genauso wie in den kurz darauf folgenden Ort Denno. Die Bäume links und rechts des Weges sind prall gefüllt mit rotbackigen Äpfeln – ein verlockender Anblick. Ohne auszusteigen, einfach dicht an die Zweige herangefahren, ist schnell ein Apfel stibitzt.
Mezzolombardo breitet sich am Rande der Piana Rotaliana aus, die Goethe als schönste Weingärten Europas bezeichnete. Legenden zufolge soll selbst Ovid den lokalen Rotwein, den Teroldego, gern getrunken haben. An der Hauptstraße, die sich durch den Ort zieht, reihen sich herrschaftliche Residenzen aus dem 18. und frühen 20. Jahrhundert sowie zahlreiche schöne Geschäfte aneinander. Linker Hand durch

den Fluss Noce getrennt, liegt die kleinere »Wein-Schwester« Mezzocorona, wo die Route endet und die nahe Brennerautobahn für den Rückweg zum Gardasee genutzt werden kann.

Es duftet nach Oliven und Gras.

Den Touri-Massen entflohen – am Lago d'Idro

7 Der Ritt durchs Hinterland

Kurvenreich und idyllisch: über den Lago di Ledro zum Lago d'Idro

Etappen
Riva – Molina di Ledro – Storo – Ponte Caffaro – Anfo – Idro – Capovalle – Valvestino – Navazzo – Gargnano

Länge
Ca. 100 km

Dauer
Tagestour

Essen & Trinken
Trattoria La Taverna. Hier gibt es hervorragende lokale Gerichte. Strangolapreti, Trentiner Spinatgnocchi, zählen zu den Spezialitäten (Do geschlossen). Via Roma 20, 25070 Anfo, Tel. +39/0365/80 92 44
Ristorante Pizzeria La Terrazza. Typische italienische Pizza aus dem Holzofen. Via Tre Capitelli 149, 25074 Idro, www.laterrazzaidro.com

Unterkunft
Lefay Resort & SPA Lago di Garda*****. Luxus-Wohlfühl-Resort, in Navazzo am Berg gelegen mit traumhaftem Seeblick – vor allem vom Infinity-Pool aus. Via Angelo Feltrinelli 118, 25084 Navazzo/Gargnano, Tel. +39/0365/24 18 00, www.lefayresorts.com
Baia D'Oro****. Komplett neu renoviertes Traditionshaus, direkt am See mit Liegestühlen und Terrasse. Bezauberndes italienisches Flair. Für die gute Küche legen die Boote direkt am Haussteg an. Via Donatori di Sangue 13, 25084 Villa di Gargnano, Tel. +39/0365/71171, www.hotelbaiadoro.it

Diese circa 100 Kilometer lange Route führt durch die Bergwelt der Gardasee-Westseite und vereint alles, was die Naturparkregion Brescia zu bieten hat: schmale, steile Kurvenabschnitte, malerische Seen, alpine Vegetation – und fabelhafte Ausblicke.

Diese Tour startet am Nordwestrand von Riva, von wo eine Panoramastraße ins Ledrotal führt (braunes Schild). Allerdings muss man erst einmal durch zwei Tunnel – mit der Länge von einem und circa drei Kilometern. Motorräder jaulen im Nacken.

Nur nicht beirren lassen und an das Tempolimit halten. Die Carabinieri am See fahren fleißig Streife und haben auch mit Touristen kein Mitleid. Endlich entlässt einen die dunkle Feuchte wieder in die Sonne. Früher erreichte man den 400 Meter hoch gelegenen See über die Ponalestraße, einen spektakulär in den Fels gehauenen Weg. Heute dürfen dort nur noch Radler und Wanderer ihre Muskeln trainieren. Hinter Biacesa kommt endlich Bewegung in die Hände. Über eine Kehrengruppe und sich zuziehende Kurven schraubt man sich hoch nach Molina di Ledro. Kurz hinter dem Ort beginnt der See. Die Sonne spielt mit den Farben: grünblau schimmert der Ledrosee zwischen den bis zu 2000 Meter hohen Bergen des Tals. Hier oben ist es trotz Sonne wesentlich kühler als unten am Gardasee. Aber die Höhe wird genutzt: Der See dient dem Wasserkraftwerk in Riva als Stausee. Im Jahr 1929, als der Wasserspiegel deutlich abgesenkt wurde, um das Wasserkraftwerk zu bauen, entdeckte man am Ostufer des Ledrosees die Reste eines Pfahlbaudorfes aus der

Unten links: Eine der Perlen der Region: der Lago d'Idro

Unten rechts: Die Gardesana Occidentale auf dem Weg nach Riva

Informationen
Consorzio Forestale Terra tra i due Laghi, Loc. Cluse, 25080 Turano di Valvestino, Tel. +39/0365/74 50 07, www.consorzioforestalevalvestino.com
Consorzio Operatori Turistici del Lago d'Idro, Via Trento 27, 25074 Idro, Tel. +39/0365/832 24, www.lagodidro.it

Bronzezeit mit mehr als 10 000 alten Pfählen. Drei Kilometer schlängelt sich die Straße entlang des Sees bis nach Pieve di Ledro, einem kleinen Ort mit einigen Restaurants, Touristenläden und – der einzigen Minigolfanlage im Tal.

Käserei am Idrosee

Empfehlenswert ist die Käserei Caseificio Rendena Val Chiese, Via Trento 15, in Pieve Vecchia am Idrosee (Do nachmittags und Mo geschlossen). Dort gibt es eine reichhaltige Käseauswahl.

Das nächste Etappenziel heißt Storo. Es wird immer alpiner auf dem Weg durch Bezzecca und Tiarno – die Architektur und die Luft verströmen nichts Mediterranes mehr. Die Route führt nun in langgezogenen Bögen in das Val d'Ampola. Bald erblickt man einen kleinen See, der von Schilf umsäumt ist. Seerosen haben sich großzügig auf dem Wasser ausgebreitet. Weiter geht es gut ausgebaut und schön kurvig durch die Schlucht Dosso del Vento, bis man schließlich

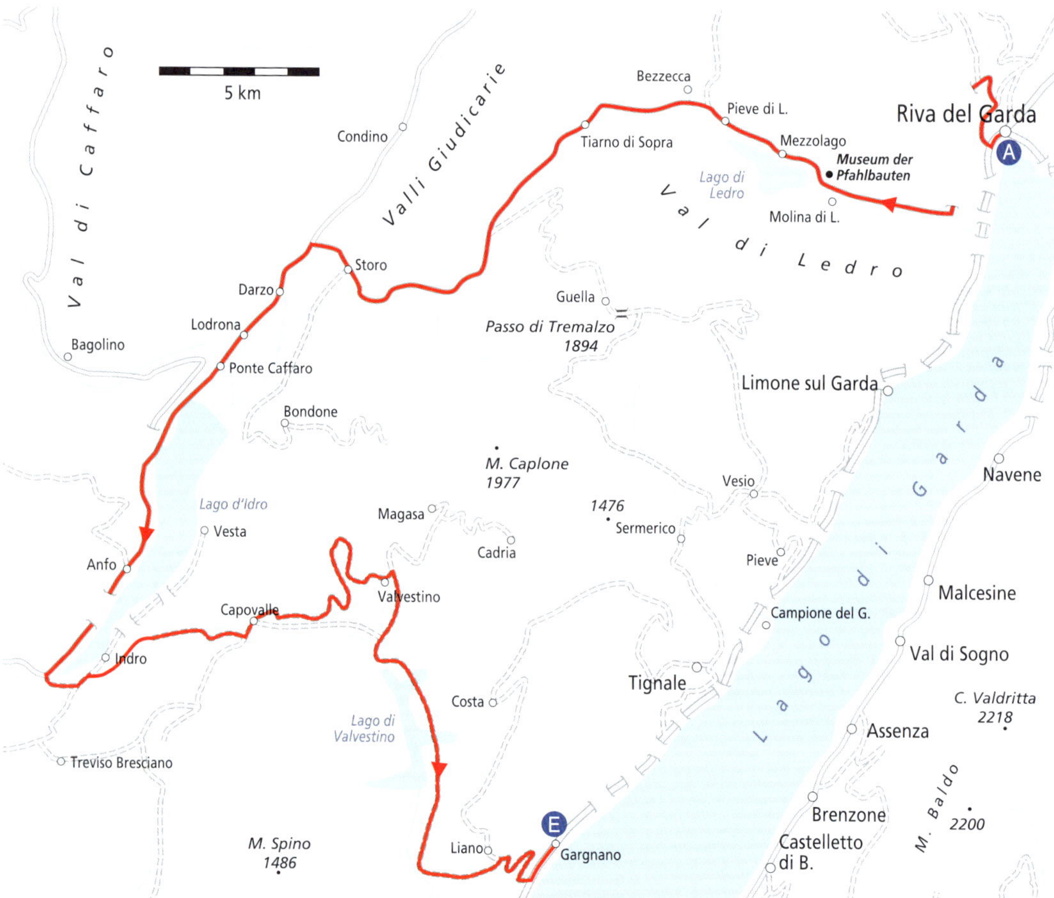

über einige Kehren in das auf 400 Metern gelegene Storo gelangt. In der Ortsmitte weist ein Schild den Weg zum Lago d'Idro. Die Tour zieht sich recht geradlinig bis zum Nordufer nach Ponte Caffaro. Hier kann man sich durch kleine Sträßelchen hindurch den Weg zum Ufer mit Liegewiese suchen und den Blick auf den sich öffnenden, fjordartigen See genießen. Er liegt auf 368 Meter Höhe und ist damit der höchstgelegene aller oberitalienischen Seen. Das war es dann aber schon mit der Aufregung. Ansonsten ist angenehm wenig los, Trubel und Tourismus weit gefehlt: Der See ruht inmitten grüner Wälder, grasbewachsener Hänge und einem herrlichen Bergpanorama. Auf der Landkarte gleicht er nur einem Tropfen, obwohl er mit seinen zwölf Kilometer Länge und zwei Kilometer Breite nicht zu den kleinsten zählt.

An der Ostseite – Beschilderung Richtung Brescia – steigt die Straße kurz an und verlässt das Wasser; aber nicht lange und man hat den See wieder im Blick. Bis zum Ersten Weltkrieg be-

Im altehrwürdigen Kurort Gardone

Ganz oben: Vom Lago d'Idro zum Lago di Valvestino

fand sich der Lago d'Idro an der Grenze zwischen Italien und Österreich. So erklären sich auch die vielen Militärwege und Festungen, die heute von Wanderern und Mountainbikern genutzt und besichtigt werden. Für die Rocca d'Anfo kann man sich kurz darauf den Hals verrenken, sie ragt steil über der Straße in den Himmel. Es gibt kaum Gegenverkehr und so hat man das Gefühl, eine ganz exklusive Seerundfahrt zu genießen. Hinter dem Ort Idro verlässt die Straße das Ufer. Wir halten uns links in Richtung Valvestino/Lago di Garda. Hat man die Häuschen hinter sich gelassen, reihen sich Serpentinen aneinander – ein letzter Blick auf den See, bevor man von einem Tunnel verschluckt wird. Dieser ist glücklicherweise nicht lang.

Lago di Valvestino – Natur pur und fern des Massentourismus

Oben: In der Sonne glitzert der Lago di Valvestino smaragdgrün.

Auf 900 Metern durchfährt man die Capovalle-Hochebene, um in das gleichnamige Bergdorf zu gelangen. Nun wird es noch einsamer. Nur Nadelholz und Mini-Siedlungen. Die Strecke verwöhnt mit jeder Menge Kurven. Wer davon nicht genug be-

Der beste Platz für den Sprizz nach der Tour ist der alte Hafen vor dem Hotel Sole.

kommt, biegt bei Viè/Vico links ab Richtung Gardasee/Valvestino. Aufpassen: Auch geradeaus zeigt eine Tafel in Richtung Gardasee. Kurz nach dem Dorf wird es abenteuerlich eng, die Leitplanke fehlt und rechts geht es ordentlich hinunter. Man behält die Straße besser gut im Auge, obwohl der Naturpark Alta Garda Bresciano mit seinem satten Grün mehr als nur einen Blick wert ist. Eng am Fels entlang jagt eine blinde Kurve die nächste. Keine 50 Meter geht es geradeaus, man ist permanent mit Schalten beschäftigt, schließlich will man ja sportlich fahren. Über die klitzekleinen Dörfchen Moerna und Persone erreicht man wieder die Hauptstrecke durchs Valle Toscolano, dann geht es links weiter zum Lago di Valvestino. Wenn das Licht stimmt, breitet sich der fjordartige Stausee in einem faszinierenden Türkis aus. 124 Meter Höhe misst seine Staumauer.

Unweit davon gibt es eine Ausweichstelle, von der man das Panorama genießen kann. Der See speist ein Elektrizitätswerk und deckt den Stromverbrauch von circa 30 000 ansässigen Haushalten. Nach dem See kurvt man im stetigen Links-rechts-Wechsel bis zur kleinen Ortschaft Navazzo. In Serpentinen dreht man sich durch Olivenhaine, vorbei an Häusern mit atemberaubendem Gardaseeblick, zurück ins mediterrane Leben. Die Straße wird immer enger, automatisch drosselt man die Geschwindigkeit und so bleibt auch Zeit, über die Dächer von Gargnano hinweg das Glitzern des Sees aufzusaugen.

Wer bei der Hotelwahl in Tignale ein glückliches Händchen hat, wird mit einem traumhaften Ausblick belohnt.

8 Sideways

Über die Waffenkammer Norditaliens zum Lago d'Iseo

Etappen
Salò – Roè Volciano – Carpeneda – Sabbio Chiese – Odolo – Agnosine – Lumezzane – Sarezzo – Polaveno – Iseo

Länge
Ca. 80 km

Dauer
Tagestour

Essen & Trinken
Ristorante Ginepro. Direkt an der Strada Panoramica Iseo–Polaveno in einer Kurve gelegen, mit Vogelperspektive auf den Lago d'Iseo. Italienische Hausmannskost mit regionalem Fleisch, Seefisch sowie Wurst und Käse aus der Franciacorta. Via S. Bonomelli 73, 25049 Iseo, www.gineprofoodwine.it
La Forcella. Giusy und Battista verwöhnen mit ihrer lombardischen Küche. Zu Fuß geht es vom Corso Europa über die Via Calchera in den Sentiero della Forcella. Diesen Pfad immer bergauf bis zum Restaurant. Mit dem Auto in Viadanica der Beschilderung folgen. Via Forcella 2, 24067 Sarnico, www.laforcella.it

Diese Route bietet Kontraste pur und kaum Verkehr: über das raue und düstere Industrie-Hinterland des Val Trompia – das zeigt, wie man hier unweit vom Gardasee-Tourismus auch Geld verdient – zur lieblichen Kulisse des Lago d'Iseo. Am Ende wird die Route immer grüner und genussreicher, bis man sich schließlich aus der Vogelperspektive dem azurblauen Wasser nähert.

Blick über Agnosine

Die Tour startet in Salò. Man fährt auf der Gardesana bis zum südlichen Ortsende und nimmt die erste Ausfahrt im zweiten Kreisverkehr in Richtung Brescia und Lago d'Iseo. Entlang des Flusses Chiese folgt man einer breiten Straße, auf der man schnell ins Hinterland gelangt – vorbei an Roè Volciano, Collio und Vobarno. Hier erlebt man Italien ungeschminkt. Häuser, die einen Anstrich vertragen könnten. Das Grau der Straße setzt sich in den Fassaden fort. Ähnlich monoton ist zunächst auch der Weg ins Val Trompia: Wir bleiben immer auf der Landstraße und fahren in den Kreisverkehren geradeaus entlang des Flusses. Im Kreisverkehr hinter Pavone nimmt man die zweite Ausfahrt links in Richtung Lumezzane, darauf folgt Sabbio Chiese – ein kurzes Tunnelstück, dann gelangt man auf die Staatsstraße 79, die sich durch das Bergland von Ost nach West windet. Im Kreis-

Essen & Trinken

Ristorante/Agriturismo Forest. Liegt oberhalb von Sale Marasino, mit wunderbarem Blick auf den Iseosee – ein Geheimtipp. Hier kann man nicht nur in exponierter Hanglage über dem See preiswert übernachten. Die traumhaft gelegene Terrasse bietet einen Panoramablick über See und Sonnenuntergang. Die hausgemachte Pasta schmeckt perfekt. Öl, Wein und noch einige andere Leckereien stammen ebenfalls aus eigener Produktion. Beschildert an der Ausfallstraße von Iseo, Via Fontane 29, Sale Marasino, Tel. +39/030/ 98 16 40, www.agriturismolefontane.it

Unterkunft

Milano**. Gepflegtes Haus direkt am See in Iseo. Komfortable Zimmer mit geschmackvoll rustikalem Mobiliar. Lungolago Marconi 4, 25049 Iseo, Tel. +39/030/ 98 04 49, www.hotelmilano.info

B & B Villarzilla. Auf der Monte Isola in Olzano schön am Hang gelegen (Traumblick!), etwa 1 km vom Zentrum von Siviano entfernt und mit dem Linienbus oder ca. 20-minütigem Spaziergang vom örtlichen Hafen aus erreichbar. Loc. Olzano 17, 25050 Monte Isola, Tel. +39/0329/ 117 85 52, www.tuttomonteisola.it

Informationen
Fremdenverkehrsbüro Salò, Piazza S. Antonio 4, 25087 Salò, Tel. +39/0365/ 21423, www.visitgarda.com
L'Agenzia Territoriale per il Turismo Lago d'Iseo e Franciacorta, Lungolago Marconi 2, 25049 Iseo (gleich neben Fähranleger), www.agenzialagoiseofranciacorta.it; gute Infoseite auf Deutsch: www.iseosee.info

Ganz entspannt: die Promenade in Iseo

verkehr nimmt man die dritte Ausfahrt nach Odolo. Endlich wird das Auge erlöst, es wird ländlicher und grüner.

In Agnosine folgt man der Beschilderung nach Casale/Lumezzane und erreicht damit wieder die Staatsstraße 79, die sich durch das gesamte Industriegebiet von Lumezzane zieht. Es ist international bekannt für seine Metallindustrie und gilt als die Hauptstadt der Essbestecke. Aber auch Töpfe und Armaturen werden hier gefertigt. Das Gebiet erstreckt sich terrassenförmig an den steilen Hängen des Val Gobbia, einem Seitental des Val Trompia. Entsprechend zackig kurvt man in das Zentrum der Gemeinde, die rund 25 000 Einwohner hat. Italienischer Industriecharme pur – immerhin setzen sich einige Häuser in gedeckten Pastelltönen vom grauen Einerlei ab. Die Region ist reich an Mineralien und Wasser, was seit der Antike die Eisenbearbeitung begünstigt, insbesondere ab dem 16. Jahrhundert die Herstellung von Waffen.

Scheinbar endlos reiht sich Kurve an Kurve durch Häuserfluchten. Plötzlich taucht ein Militärbomber hinter einer Kurve auf. Er fliegt nicht, sondern steht als Skulptur im Grünen. Bis Sarezzo

Lago d'Iseo und Monte Isola

Der Lago d'Iseo ist der kleinste der oberitalienischen Alpenseen. 25 Kilometer beträgt die Entfernung vom See bis nach Brescia, Bergamo liegt etwa 35 Kilometer entfernt. Die Gletscher des Val Camonica bewirkten die Entstehung des Sees. Er umfasst etwa 65 Quadratkilometer, erstreckt sich über eine Länge von 25 Kilometern und ist 251 Meter tief. Mitten im See befindet sich die Insel Monte Isola, deren Größe für ein Binnengewässer beeindruckt. Die beiden kleineren Inseln, Isola di Loreto und Isola di S. Paolo, sind im Privatbesitz der Familie Beretta, einer bekannten Waffenherstellerdynastie. Wie der Gardasee ist auch der Iseosee aufgrund seiner günstigen Windverhältnisse prädestiniert zum Surfen und Segeln – und im Gegensatz zu Ersterem nur selten überlaufen! Die größte Binneninsel Südeuropas liegt im Lago d'Iseo. Für die Umrundung auf der rund neun Kilometer langen Uferstraße benötigt man zu Fuß etwa zwei Stunden. Wer möchte, kann auch 400 Höhenmeter bezwingen, um die Wallfahrtskapelle Santuario della Madonna della Ceriola zu besichtigen. Eine schöne Möglichkeit, die Insel zu erkunden, bietet zudem ein Zweirad (mit oder ohne Motor), das man vor Ort mieten kann. Überfahrt von Sulzano, Carzano und Sale Marasino nach Peschiera Maraglio, dem Hauptort der Insel.

muss das als Highlight genügen. Hier endet die Straße an einer Ampel, an der man rechts abbiegt in Richtung Gardone/Val Trompia, dem eigentlichen Zentrum der Waffenindustrie. Der Verkehr treibt uns weiter bis zur nächsten Ampel in Ponte Zanano, wo ein blaues Schild den Weg zum Lago d'Iseo weist. Hinter Gombio beginnt der schönste Teil der Tour. Statt Stahl, Grau und Trostlosigkeit: Wälder, Berge, Natur und Ruhe. Das Auge erholt sich. Es geht hinauf nach Polaveno. Die Route schlängelt sich gut ausgebaut durch die Berge. Die Luft ist sonnengewärmt, die Umgebung erscheint verwunschen und unberührt. Kaum ein Tourist verirrt sich auf diesen Weg, der bei diesem Anblick kurz darauf noch mehr Glücksmomente hervorruft: Azurblau, schattierte Bergkämme und wettergegerbte Schindel – Vogelperspektive auf Iseo. Man muss unwillkürlich bremsen. Wie gut, dass es in der nächsten Kurve ein Restaurant mit Terrasse für unendlich viele Seeblicke gibt (siehe Infokasten Seite 71). Kurz darauf erreicht man das pittoreske Städtchen und die mit Palmen gesäumte Uferpromenade, hinter der das kleine Altstadtviertel mit engen Gässchen und der Piazza Garibaldi liegt. Die

Rechte Seite unten: Kurvenreich auf dem Weg nach Zone über dem Lago d'Iseo

Weinschätze

Die Franciacorta erstreckt sich am südlichen Ende des Lago d'Iseo und gehört zur italienischen Weinbauregion Lombardei, die als DOCG für Schaumwein deklariert ist. Sie erstreckt sich über 23 Gemeinden und umfasst etwa 2000 Hektar Rebflächen, die sich auf fast 200 Weinerzeuger verteilen. Sie ist für ihren Schaumwein bekannt, der aus den Rebsorten Chardonnay, Pinot Blanc sowie Pinot Noir hergestellt wird. Neben Schaumwein gibt es gute Verschnittweine von Cabernet, Merlot und nussigem Chardonnay. Das Gebiet hat seinen Namen von »curtes francae« – eine Gruppe von mittelalterlichen Dörfern, die unter den Schutz von Benediktinermönchen fielen und damit vom Steuerzahlen befreit wurden. Klimatisch sind die Winter in Franciacorta viel milder als in den meisten subalpinen Zonen, während die Sommer sehr heiß sind. Die Weine werden schon in Schriften von Vergil und Plinius dem Älteren erwähnt. Trotz seiner guten mineralischen Böden sowie des milden Klimas des Iseosees erreichte der Wein lange Zeit nur örtliche Bedeutung. Ab den 1960er-Jahren wuchs die Nachfrage nach dem im Stil eines Champagners hergestellten Spumante an und bescherte der Region einen Boom. Von 1996 bis 2006 stieg der Absatz von 2,6 Mio. auf 6,7 Mio. Flaschen Wein. Bekannte Weinerzeuger in Franciacorta sind Ca' del Bosco und Bellavista, die beide in der Gemeinde Erbusco liegen. In Franciacorta wird auch Brandy und Grappa hergestellt. Informationen: www.stradadelfranciacorta.it, www.franciacorta.net.

geradlinigen Häuser um den Hafen herum erstrahlen in warmen Farben und erschaffen im Zusammenspiel mit dem See die für Oberitalien typische, alpin-mediterrane Atmosphäre. Man fühlt sich teilweise wie am Gardasee, nur erscheint alles eine Spur kleiner und authentischer. Deutschkenntnisse sind hier nicht mehr zu erwarten, aber die Speisekarte erschließt sich auch so. Der Cappuccino ist schnell bestellt. Am Nachbartisch sitzen italienische Touristen, die sich einen Vino Bianco genehmigen. Ein leichtes Unwetter zieht auf. Zwischen Himmel und See lagern sich Blauschattierungen übereinander. Bald prasselt Regen auf die Markise. In der Zwischenzeit bringt der hilfsbereite Kellner eine Karte vom See und macht Lust darauf, das kleine Juwel zu umrunden – auch wenn man nur ein Drittel versteht.

Schlafendes Iseo in der Mittagshitze

Rechte Seite: Die alte Seestraße nach Lovere ist für Autos leider nicht mehr befahrbar.

Vorbei an den kleinen Fischerbooten im Hafen und blühenden Oleanderbäumen, begibt man sich nun auf 70 Kilometer Genussstrecke. Die Tempolimits von teilweise nur 30 km/h zwingen den Urlauber förmlich zur Entspannung. Kurz hinter Iseo bewegt man sich erst mal vom See weg, aber nur für kurze Zeit. Hinter Pilzone ist das Blau zurück und man erblickt die größte italienische Binneninsel: Monte Isola mit Peschiera Maraglio, dem Hauptort der Insel. Keine Bausünde stört die Idylle. Alte Häuser und Paläste mit wunderschönen Bogengängen prägen das Straßenbild. Einfach mal rechts ranzufahren ist hier kein Problem – zu verlockend ist es, das Panorama einzufangen –, ob mit oder ohne Kamera. Hier hupt oder drängelt niemand.
Es folgt Marone, ein größerer Ort an den Steilhängen des Monte Caprello, wo zahllose Olivenbäume wachsen – Città dell'Olio nennen die Einheimischen ihre Stadt stolz. Die mächtige, Dolomitstein verarbeitende Fabrik Dolomite Franchi (eine der größten ihrer Art in Europa) beeinträchtigt allerdings ein wenig die Optik. Zwischen Straße und Seeufer liegt ein Campingplatz. Von der ruhigen Uferfront im Zentrum hat man einen schönen Blick

Piramidi di Zone

Eine acht Kilometer lange Serpentinenstraße zweigt in Marone in das Bergdorf Zone ab, das am Fuß des Monte Guglielmo (1957 m) liegt. Unterwegs genießt man herrliche Ausblicke auf den See.
Die Ortsdurchfahrt von Marone ist zunächst sehr eng, Spiegel entschärfen dabei die unübersichtlichen Kurven. Oberhalb von Marone quert man die Schnellstraße von Iseo nach Pisogne und fährt anschließend auf bequemer Kurvenstraße bis Cislano kurz vor Zone. Linker Hand bieten hier die Piramidi di Erosione einen Blickfang. Es handelt sich dabei um bis zu 30 Meter hohe Erdsäulen, die an der Spitze jeweils einen Deckstein tragen. Diese Formationen entstanden, indem das Erdreich um die Säulen durch Regen ausgehöhlt und weggeschwemmt wurde. Auf einem Fußweg kann man den Pyramiden näherkommen. Er beginnt links der Straße hinter der Chiesa di San Giorgio aus dem 15. Jahrhundert und endet an der Zufahrtsstraße, einige Kurven unterhalb von Cislano.

M YK 5738

auf die Felsen, die weiter nördlich den See begrenzen.

Am Südende sollten Sie unbedingt die Küstenstraße wählen und nicht auf die Beschilderung auf der Ostseite achten, denn sonst haben Sie eine Cabriofahrt durch endlos lange Tunnels vor sich – um mehrere zwei Kilometer lange Tunnels kommt man ohnehin auf der neuen Schnellstraße nicht herum. Die alte Uferstraße wurde stillgelegt und ist heute ein begehrtes Revier für Radler. Das kleine, ruhige Dörfchen Vello besteht lediglich aus einer lang gestreckten Häuserzeile direkt am See. Es liegt unterhalb der Schnellstraße und ist nur über eine einzige Abfahrt zu erreichen – langsam fahren, es wird eng. Am Ende befindet sich die Bar Baia del Sol, die einfach drapierte Tische à la Biergarten direkt am Wasser bietet.

Trotz mehrerer Tunnels geht es mit schönen Seeblicken circa vier Kilometer weit bis Toline, kurz vor Pisogne. Immer wieder sind Stahlnetze über die Straße gespannt, die herunterfallende Fels-

Rund um den Lago d'Iseo gibt es jede Menge Kurven.

Oben: Lovere, kurz vorm Gewitter

stücke auffangen sollen. Dennoch finden sich kleine Steine auch auf der Straße – ein Anblick, der die Pulsfrequenz jedes Cabriofahrers in die Höhe treibt. Um die Nordspitze führt die Straße etwas vom Seeufer weg. Das nächste vielversprechende Ziel ist Lovere – und es ist durchaus »liebenswert«. Es lohnt sich zu parken, um entweder an der Piazza der Hauptstraße etwas zu trinken oder durch die kleinen Gässchen zu flanieren, die bergaufwärts zu mittelalterlichen Häusern und Kirchen führen. Nach Lovere wird es im wahrsten Sinne des Wortes kinoverdächtig. In Tom Tykwers Thriller »The International« spielt eine Verfolgungsjagd auf dieser spektakulären Strecke. Das Pericolosa-Schild für Gefahr ist durchaus berechtigt. Felswände türmen sich bizarr neben der Beifahrertür auf. Es folgt ein Steinbruch. Der See schimmert in mehreren Blauschattierungen, ein Segelboot durchschneidet einsam das Blau. Fix ist man durch Portirone durch. Kurz darauf sieht man eine der Beretta-Inseln: Isola di San Paolo. Sie ist im Privatbesitz der Familie Beretta, die zu den vier weltweit führenden Herstellern von Schusswaffen gehört. Das Unternehmen ist im vorher zum Teil durchquerten Gardone del Trompia beheimatet. Der Fahrtwind bringt den See ins Cabrio. Es duftet würzig nach Fisch und Algen. Viel zu schnell ist man am Seeende angelangt. Man hält sich nun wieder Richtung Iseo und folgt der Landstraße (blaues Schild) nach Salò und zurück zum Lago di Garda.

Blick auf Peschiera, den größten Ort auf der Monte Isola

9 Auf roter Genusstour

Entlang der Weinstraßen durch Bardolino und Valpolicella

Etappen
Garda – Costermano – Affi – Cavaion Veronese – Calmasino – Sega – Sant'Ambrogio di Valpolicella – Fumane – Marano – Negrar – Montecchio – Grezzana – Verona

Länge
Ca. 70 km

Dauer
Tagestour

Essen & Trinken
Osteria Enoteca Corte Torcolo. Weinbar mit typischen Gerichten in altem Rustico. Sehr schön gelegen mit Terrasse im Innenhof. Via Vittorio Veneto 1, 37010 Cavaion Veronese, Tel. +39/045/723 54 14
Enoteca della Valpolicella. Ada und Carlotta verbinden in ihrem rustikalen Haus Wein und regionales Essen zu einem außergewöhnlichen Geschmackserlebnis. Via Osan 45, 37022 Fumane, www.enotecadellavalpolicella.it
Osteria Giuletta e Romeo. In der Nähe der Piazza delle Erbe auf dem Weg zur Kirche Sant'Anastasia – eine Perle Veroneser Kost. Corso S. Anastasia 27, 37121 Verona, Tel. +39/045/800 91 77

Der Gardasee ist nicht nur Tourismus-Region, sondern auch ein Paradies für Feinschmecker: Neben Teigwaren, Öl, Essig und Trüffeln ist es vor allem der Wein, der die Gegend weltweit berühmt macht. Im Südosten ziehen sich die Rebflächen bis an den nördlichen Stadtrand von Verona. Auch wenn ewig der Lago lockt, lohnt sich eine Fahrt in das Hinterland des Bardolino, in das unendliche Reich der Reben bis ins Valpolicella.

Siesta in Garda

Die Tour startet in Garda. Hier verläuft die Strada del Vino Bardolino des bekannten Gardasee-Rotweins. Von hier aus bietet sich ein guter Übergang ins Valpolicella. Im Zentrum von Garda biegt man im Kreisverkehr links Richtung Costermano ab. Nach wenigen hundert Metern ist links die Tourist-Information (beschildert mit blauem Infoschild), wo man sich noch mit Karten und Tipps eindecken kann. Theoretisch könnte man im Bardolino allein 46 Weinkeller besuchen, was sich aber nicht wirklich gut mit dem Autofahren verträgt. Also, ab hinter das Steuer und los geht's. Die Straße führt hoch in ein Wohngebiet, kurz dahinter breiten sich schon die Weinfelder aus. Man hält sich Richtung Affi. In Cavaion Veronese empfiehlt sich ein Stopp beim Weingut Monte Saline. Andrea Giacomelli keltert hier feine Spumanti (Sekt) und alle Varianten des Bardolino. Am Ortsende fährt man im Kreisverkehr Richtung Calmasino. Nach 100 Metern erblickt

Unterkunft
Costa degli Ulivi. Oberhalb von Fumane im Herzen des Valpolicella und unweit der berühmten Kellerei Allegrini. Via Costa 5, 37022 Fumane di Valpolicella, Tel. +39/045/683 80 88, www.costadegliulivi.com
B & B Agriturismo Serena. Einfach, aber aufgrund des superben Essens und Weines eine gute Adresse für Übernachtungen. Sehr familiäre Betreuung. Loc. Carlotte 1, 37010 Pastrengo, Tel. +39/045/717 07 52, www.agriturismo-serena.com
Hotel San Luca a Verona***. 200 Meter von der Arena entfernt und daher sehr zentral, stilvoll und schön mit vernünftigen Preisen. Vicolo Volto San Luca 8, 37122 Verona, Tel. +39/045/59 13 33, www.hotelsanluca.it

Informationen
IAT Garda, Piazza Donatori di Sangue 1, 37016 Garda, Tel. +39/045/627 03 84, www.tourism.verona.it
Strada del Vino Bardolino DOC, Piazza Matteotti 8, 37011 Bardolino, www.bardolino-stradadelvino.it
Strada del Vino Valpolicella, Via Sengio 1, 37015 Sant ambrogio di Valpolicella, Tel. +39/045/ 688 84 67, www.stradadelvinovalpolicella.it
IAT Verona, Via degli Alpini 9 (Piazza Brà), 37122 Verona, Tel. +39/045/ 806 86 80, www.tourism.verona.it, www.veronatuttintorno.it

Die Weingüter

- Monte Saline, Via Pozzo dell'Amore 47, 37010 Cavaion Veronese, www.montesaline.com
- Vigneti Villabella, Località Cà Nova 2, 37011 Calmasino, www.vignetivillabella.com
- Masi, Via Monteleone 26, 37015 Sant'Ambrogio di Valpolicella, www.masi.it
- Cantine Allegrini, Via Giare 5, 37022 Fumane, www.allegrini.it
- Azienda Agricola Quintarelli, Via Cerè 1, 37024 Negrar, Tel. +39/045/750 00 16

man links das braune Schild »Strada del Vino Bardolino«. Es weist den Weg in eine kleine Straße mitten durch die Rebenlandschaft, vorbei an der Häusersiedlung Bossema. Dabei kommt man an der Vigneti Villabella vorbei. Die Produktion umfasst alle berühmten klassischen Weine wie Bardolino, Lugana, Custoza, Soave, Valpolicella, Ripasso, Amarone, nicht zuletzt auch die großen Weiß- und Rotweine IGT-autochthoner Trauben der Provinz Verona. Man kreuzt die Autobahn

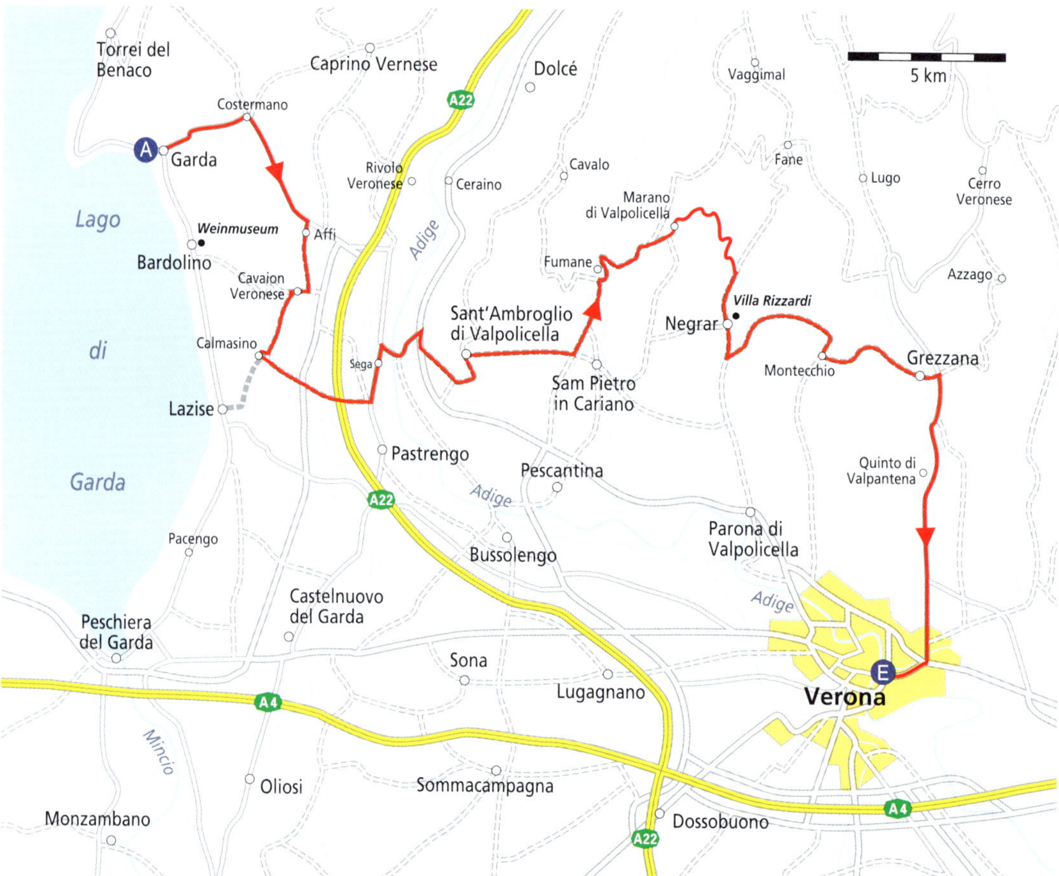

über eine kleine Brücke und nähert sich dem Valpolicella (braunem Schild und blauer Beschilderung nach Sant'Ambrogio folgen). Die Straße spurt gut und breit dahin – vorbei am Agriturismo Serena (siehe Infokasten Seite 105), wo Veroneser Hausmannskost aus eigenem Anbau und Tierhaltung kredenzt wird. Um den Alkohol aus dem Blut (des Beifahrers) zu vertreiben, trinkt man lieber ein Glas Acqua zum Lunch. Das nächste Weingut folgt in Kürze – und die Rebsäfte werden nicht leichter. Es geht ins Herz des Valpolicella. Amarone und Recioto – daran denken Weinliebhaber bei diesem Anbaugebiet sicher sofort. Schließlich haben diese beiden Rotweine das malerische Weinbaugebiet auf der ganzen Welt berühmt gemacht. Bei Sega kreuzt man die Etsch und folgt der braunen Beschilderung Strada del Vino Valpolicella, die einen nach Sant'Ambrogio bringt. Der Ort verströmt wenig Winzerromantik, die Weinher-

Zwischenstopp auf dem Weingut

Villa Rizzardi und Giardino di Pojega

Im Herzen des Valpolicella, in Negrar, befindet sich der imposante Garten Pojega der Villa Rizzardi. Die Villa, seit 1649 in Familienbesitz, ist umgeben von einer traumhaften Landschaft aus Weinbergen und Olivenbäumen. Der Garten wurde zwischen 1783 und 1791 angelegt und ist ein Meisterwerk italienischer Gartenarchitektur. Er bietet Tempel, Theater, Hügel und Aussichtspunkte sowie zahlreiche Statuen. Von Anfang April bis Ende Oktober ist der Garten Donnerstag und Samstag und nur nach Terminabsprache mit der Gräfin Rizzardi von 15–17 Uhr zu besichtigen. Die Innenräume der Villa stehen nicht zur Besichtigung zur Verfügung. Verköstigungen der Weine können im Garten der Villa durchgeführt werden. Mitten in Bardolino befindet sich übrigens das Weingut der Familie Guerrieri-Rizzardi, wo schon die verstorbene Lady Diana einen Urlaub verbrachte. Informationen und Reservierung: Tel. +39/045/ 721 00 28, Giardino di Pojega, Loc. Pojega, 37024 Negrar, www.pojega.it.

steller gruppieren sich eher am Ortsrand. Man hält sich Richtung Centro, um wenigstens ein paar alte Steine zu sehen. Sehenswert ist die romanische Pfarrkirche aus dem 13. Jahrhundert. Sie ist an dem Ort eines römischen Tempels gebaut und stammt wahrscheinlich aus der Zeit des Langobardenkönigs Liutprand (712 bis 744). Das Baumaterial der Kirche stammt aus der Region um Verona. Neben der Kirche befindet sich ein Museum mit Fundstücken aus der römischen und langobardischen Zeit.

Man verlässt den Ort auf der breiten Hauptstraße (Strada Provinciale 4) durch einige Kreisverkehre immer geradeaus Richtung San Pietro in Cariano. Kurz hinter Sant'Ambrogio weist ein Schild auf das Gut Masi hin. Man fährt links ein kurzes Stück den Berg hinauf bis vor ein schmiedeeisernes Tor, das sich wie von Geisterhand öffnet. Masi – das ist nicht nur im Valpolicella, sondern weit über dessen Grenzen hinaus, eine Institution. Der Name wurde dem Tal Vaio dei Masi entlehnt, das die Familie Boscaini im 18. Jahrhundert gekauft hatte. Seit den 70er-Jahren leitet Sandro Boscaini in sechster Generation das Gut. Das jährliche Produktionsvolumen der 500 Hektar umfassenden Rebfläche beträgt sieben Millionen Flaschen. Das heißt: Masi bietet er-

schwingliche Tropfen, aber auch hervorragende Qualitätsweine, die umso kostenintensiver sind. Wieder zurück auf der Hauptstraße, folgt man ihr bis kurz vor San Pietro in Cariano. Dort geht es im Kreisverkehr links ab nach Fumane. Man taucht ein in Reben, so weit das Auge reicht.

Der nächste große Name der Kelterkunst kündigt sich kurz vor Fumane an: Allegrini. Auch diese Winzerfamilie bewirtschaftet ihr etwa 90 Hektar großes Gut seit mehreren Generationen und spielt dabei mit höchstbewerteten Weinen in der Topliga des Valpolicalla mit. Aushängeschilder von Allegrini sind der unübertroffene Amarone Classico sowie die Cuvée La Poja.

Auf geht's in ein Meer aus Weinreben.

Weiter cruist man gemütlich ins Herz des Weinanbaugebiets Valpolicella Classico nach Marano. Der Gemeindename stammt aus der römischen Zeit und leitet sich vom damaligen Konsul Caio Mario ab. Reben, nichts als Reben weit und breit – eine sanft geschwungene Hügellandschaft mit einem Fächer von kleinen Tälern. Weinberge wechseln sich mit Olivenhainen und Obstplantagen mit Kirschen und Aprikosen ab, die besonders im Frühling in der Blütezeit die Sinne verzaubern. Auf immer enger werdenden Straßen sucht man sich den Weg nach Negrar. Viele Adelige aus Verona und Venedig wählten die Gegend für ihre eleganten Landsitze, die mit der Architektur ihrer großen Parks und Gär-

Weingut & Weinmuseum Zeni

Wer mehr über Bardolino und seine Weine erfahren möchte, kehrt beim Weingut Zeni ein. Hier wurde ein altes Weingut in ein Museum umfunktioniert, wo allerlei Ausstellungsstücke und ein Kurzfilm Auskunft über die lokale Weinproduktion von damals und heute geben. Man kann die Zeni-Weine auch verkosten. Via Costabella 9, 37011 Bardolino, Tel. +39/045/721 00 22, www.zeni.it.

ten begeistern. Ein Beispiel ist der Giardino di Pojega der Villa Rizzardi in Negrar (siehe Kasten Seite 108).
Versteckt hoch oben über Negrar liegt das Weingut Quintarelli. Nur ein altes rostiges Schild gibt dem Suchenden einen Hinweis auf das Gut. Der »Altmeister des Valpolicella«, Bepi Quintarelli (er starb leider Anfang 2012), hat die Messlatte der Qualitätsstandards hoch gesteckt. So wird der Amarone nur in den besten Jahren produziert und ruht dann gut zehn Jahre (Riserva), bevor die Kunden maximal zwei Flaschen zu Preisen deutlich über 300 Euro pro Flasche erwerben können. Insgesamt kommen jährlich nur etwa 1000 Flaschen dieses wertvollen Weines in den Verkauf. Wer das Weingut besichtigen möchte, wird von den Quintarellis überaus gastfreundlich empfangen, herumgeführt und – natürlich – auch zu einer Verkostung eingeladen.
Nach diesem Weinerlebnis verlässt man den Ort über die Hauptstraße, die nach Verona führt. Landschaftlich reizvoller fährt man über Montecchio und Grezzana. Dazu hält man sich hinter Negra links an die entsprechende Beschilderung. Die Straßen werden immer mehr zu Pfaden und so eng, dass nur eine Autobreite daraufpasst. Teilweise sind die Kehren so eng, dass man

Das Bardolino hat auch landschaftlich einiges zu bieten.

Wo Romeo mit Julia

Verona ist viel mehr als Operngenuss in der Arena di Verona und die Erinnerung an Romeo und Julia. Verona ist eine der einzigartigsten und außergewöhnlichsten Kunst- und Geschichtsstädte Italiens und beherbergt nach Rom die größte Anzahl von Überresten aus der Römerzeit. Zentrum ist das frühere römische Forum, die Piazza Erbe. Dort befinden sich der Rathausturm Torre dei Lamberti und der lebendige Markt. Hier zweigen auch die Hauptstraßen der Stadt ab: der Corso Porta Borsari, die Via Cappello, in der sich das Haus Julias mit dem berühmten Balkon befindet, und die Via Mazzini. Folgt man Letzterer, gelangt man direkt zur Arena di Verona, die sich an der Piazza Brà befindet. Die alljährlichen Opernfestspiele im Amphitheater sind ein Gesamtkunstwerk, – die Oper selbst ist – ehrlich gesagt – Nebensache. Die preisgünstigen, nicht nummerierten Steinstufen in den oberen Rängen gelten akustisch gesehen als die besten Plätze. Sitzkissen nicht vergessen! Tickets für das Opernfestival gibt es auf www.arena.it.

rangieren muss. Der Weg schlängelt sich durch Wiesen hinab nach Grezzana, dann biegt man rechts auf die Ortsstraße ab. Von dort erreicht man über Quinto di Valpantena auf der gut ausgebauten Landstraße schnell die Hauptstadt der Provinz: Verona. Einfach Richtung Centro halten. Hier lässt es sich überraschend entspannt in einer Seitenstraße unweit der Arena parken. An der Piazza Brà kann man bei einem Cappuccino den Blick auf das Weltkulturerbe genießen. Das im Jahr 30 n. Chr. errichtete Amphitheater wurde ursprünglich für Gladiatorenkämpfe und Wettkämpfe genutzt – heute ist es Schauplatz für die alljährlichen Opernfestspiele von Juni bis September. Diese bieten mit einem garantiert unvergesslichen Spektakel vielleicht sogar einen krönenden Tourenabschluss.

Durch ein paar Kurven hinunter nach Grezzana

Die Uferpromenade entlang

S GO 2033

10 Zu den berühmten Weißweinen des Gardasees

Hinein ins Lugana und rund um Sommacampagna

Etappen
Peschiera del Garda – Boscetti – Rondinelli – Pozzolengo – Solferino – Borghetto – Valeggio sul Mincio – Custoza – Sommacampagna – Pastrengo – Lazise

Länge
Ca. 140 km

Dauer
Tagestour

Essen & Trinken
Antica Osteria Busocaldo. Sehr traditionell und familiär geführtes Restaurant mit Pasta und tollen Gerichten vom Grill. Strada Massoni 12, 37019 Peschiera del Garda, www.busocaldo.it
Antica Locanda del Contrabbandiere. Schlemmen auf hohem Niveau, in einem romantischen Garten oder in mit Liebe gestalteten Räumen. Loc. Martelosio di Sopra 1, 25010 Pozzolengo, www.locandadelcontrabbandiere.com
Alla Borsa. Hier kann man die besten handgefertigten Tortellini probieren, wofür Valeggio sul Mincio bekannt ist. Via Goito 2, 37067 Valeggio sul Mincio, www.ristoranteborsa.it
Trattoria Al Ponte. Einfach, aber ausgezeichnetes regionales Essen – besonders die Dolci. Via Corrobiolo 38, 37066 Sommacampagna, Tel. +39/045/896 00 24

Die folgende Tour führt ins Herz der beiden Weingebiete mit den berühmtesten Weißweinen rund um den Lago di Garda. Man fährt zuerst durchs Lugana und taucht ein in eine oftmals erfrischend untouristische Gegend hinter dem Südufer des Lago. Danach geht es weiter ins Sommacampagna, das Anbaugebiet des Bianco di Custoza. Weinproben auf der Tour: dringend empfohlen.

Peschiera del Garda ist einer der quirligsten Flecken am Lago. Neben Weinbau und Landwirtschaft lebt die Stadt hauptsächlich vom Tourismus. Die Altstadt liegt innerhalb der alten Burg und

Die Schlacht von Solferino 1859

Noch früh am Morgen des 24. Juni 1859 trafen bei Solferino zwei Heere von insgesamt über 200 000 Soldaten aufeinander. Es waren auf der einen Seite die Truppen der österreichischen Armee, die damals die Lombardei und Venetien beherrschte, und auf der anderen Seite die Truppen des Königreiches Piemont-Sardinien, die von Frankreich unterstützt wurden. Auf einer Frontlinie von 16 Kilometern wurde den ganzen Tag erbittert gekämpft. Die Schlacht von Solferino forderte ungefähr 30 000 Tote und Verwundete. Die Schlacht sollte als blutigste und grausamste nach der Schlacht von Waterloo in die Geschichte eingehen. Das Schlimmste dabei: Die meisten Soldaten starben nicht direkt im Kampf, sondern später aufgrund der schlechten medizinischen Versorgung. In den meisten Fällen wurden die Verletzten einfach auf dem Schlachtfeld liegen gelassen und starben an ihren Verletzungen. Die Schlacht blieb nicht ohne Folgen. Einer der Zeitzeugen, der Genfer Kaufmann Henry Dunant, gründete 1863 aufgrund seiner Eindrücke während dieser Schlacht das Rote Kreuz und 1864 wurde die erste Genfer Konvention beschlossen.

lädt mit ihren engen Gässchen, Ladengeschäften und Bars zum Bummeln ein.

Die Tour beginnt am Lungolago, an der Uferstraße in Peschiera. In Richtung Sirmione geht es gemütlich am See entlang. Der Lago präsentiert sich hier am Obersee komplett anders als am Untersee. Während beispielsweise in Riva der Sport und das al-

Ungeschminkt und ehrlich: das Lugana

Unterkunft

Cascina Girolda. Die Cascina mit fünf schönen Zimmern wurde erst vor einigen Jahren stilvoll ausgebaut und liegt in der Nähe des Weingutes Ottella. Loc. Ottella, San Benedetto di Lugana, 37019 Peschiera del Garda, Tel. +39/045/640 25 60, www.cascinagirolda.it

La Finestra sul Fiume. Geschmackvolle Zimmer in einer alten Mühle. Corte Sega 2, 37067 Valeggio sul Mincio, www.lafinestrasulfiume.it

Casino di Caccia. Ruhiges, schön in den Weinbergen gelegenes Haus mit Wellnessbereich, ausgerichtet auf den Vino-Tourismus. Strada Ossario 64, 37066 Custoza, Tel. +39/045/ 51 62 71, www.casinodicaccia.it

Hotel Villa Cansignorio***. Eine kürzlich renovierte Villa inmitten der Altstadt mit schönem mediterranem Garten. Corso Cangrande 30, 37017 Lazise, Tel. +39/045/758 13 39, www.hotelcansignorio.com

Informationen
Fremdenverkehrsbüro Peschiera del Garda, Piazzale Betteloni 15, 37019 Peschiera del Garda, Tel. +39/045/ 755 1673, www.visitgarda.com
Consorzio Tutela Lugana DOC, Parco Catullo, 37019 Peschiera del Garda, Tel. +39/045/ 923 3070, www.consorziolugana.it
Comune di Sommacampagna, Via C. Alberto 1, 37066 Sommacampagna, Tel. +39/045/897 13 11, www.comune.sommacampagna.vr.it

pine Flair dominieren, die schroffen Bergwände am Westufer und vor allem die Surfer und Kiter, geht es hier am Obersee um einiges gemächlicher zu. Der See liegt flach wie eine Bratpfanne, ein paar Boote dümpeln in der für den Vormittag schon beträchtlichen Hitze durchs Bild und Touristen beginnen die Cafés an der langen Uferpromenade zu füllen.
Man folgt dem Wegweiser rechts ab nach Pozzolengo und stößt direkt auf die ersten Weingüter, wie S. Cristina, Ottella, La Sansonina oder Zenato, die allesamt einen schönen, feinfruchtigen Lugana anbauen. Erster Stopp? Zenato Azienda Vitivinicola S. r. L., Via S. Benedetto 8, 37019 Peschiera.
Weiter geht es immer den braunen Schildern »Strada del Vino« nach. Die Straßen werden jetzt enger und man kommt in eine typische und ungeschönte Lugana-Gegend. In der Ferne sieht man noch den breiten Obersee, ansonsten sattgrüne Weinfelder,

Über die Visconti-Brücke nach Vallegio

gesäumt von Olivenbäumen. Im Kreisverkehr folgt man dem Schild nach Boschetti. Die Straße ist holprig, man passiert alte Häuser, von denen bereits der Putz herunterbröckelt, daneben stehen die für den Weinanbau typischen Schmalspurschlepper.
Wenn man hier stehen bleibt und das Radio ausschaltet, hört man nichts. Oder fast nichts. Ein paar Vögel vielleicht, das Zirpen der Grillen, das leise Rauschen des Windes, der durch Olivenbäume und Weinberge streicht. Immer wieder faszinie-

Der Klassiker – Bianco di Custoza

Dieser Wein zählt zu den klassischen Weißweinen des Veneto. Angebaut wird er auf den Hügeln im Süden des Gardasees. Für den Custoza werden Tocai-, Garganega-, Cortese- und Trebbiano-Trauben verwendet. Er schmeckt erfrischend-fruchtig und hat ein mildes Aroma, steht aber nach wie vor – wenngleich inzwischen oft zu Unrecht – im Schatten der hochgelobten Lugana-Weine.

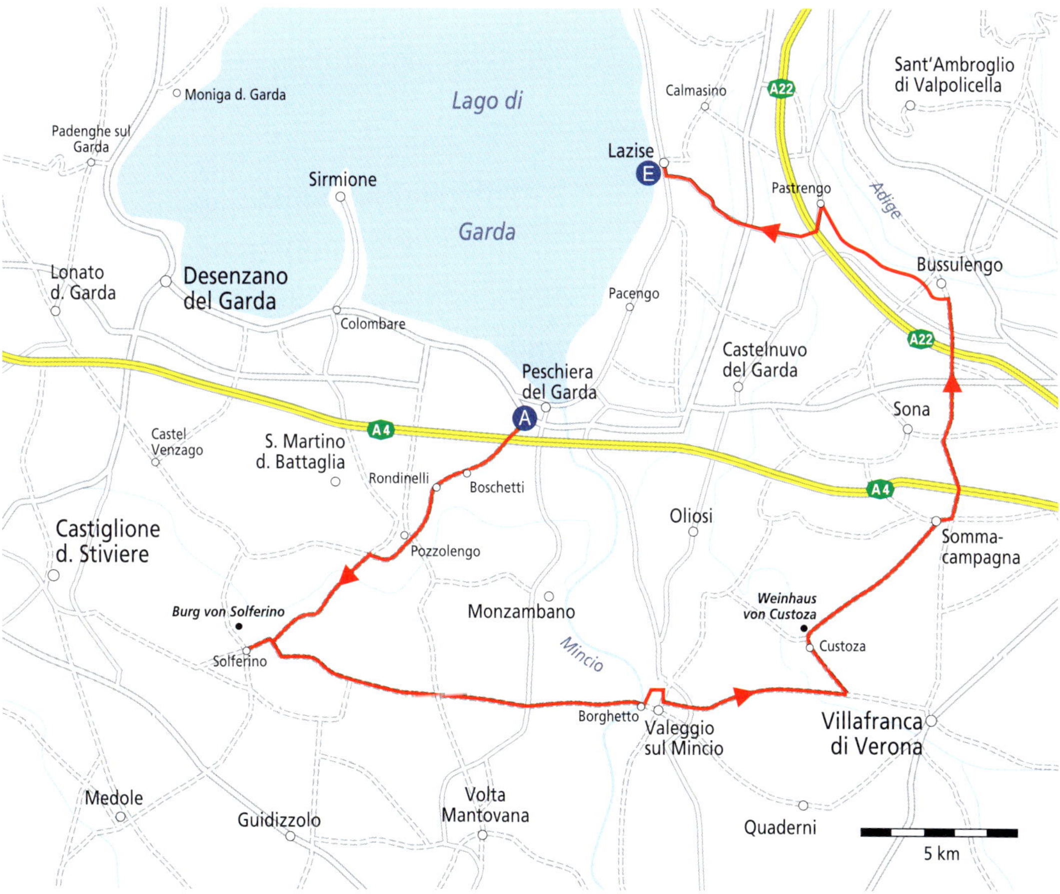

Die Weinkellereien rund um Sommacampa

- Aldo Adami, Via Valbusa 25, 37060 Custoza, Tel. +39/045/51 61 05, www.cantinaaldoadami.com
- Cantina di Custoza, Località Staffalo 1, 37060 Custoza, Tel. +39/045/ 51 62 00, www.cantinadicustoza.it
- Cavalchina, Via Sommacampagna 7, 37066 Custoza, Tel. +39/045/ 51 60 02, www.cavalchina.com
- Gorgo, Loc. Gorgo, 37060 Custoza, Tel. +39/045/51 60 63, www.cantinagorgo.com
- Le Vigne di San Pietro, Via San Pietro 23, 37066 Sommacampagna, Tel. +39/045/51 00 16, www.levignedisanpietro.it
- Monte del Frà, Strada Custoza 35, 37066 Sommacampagna, Tel. +39/045/51 04 90, www.montedelfra.it
- Ronca, Via Val di Sona 7, 37066 Sommacampagna, Tel. +39/045/ 896 16 41, www.cantinaronca.it
- Tamburino del Sardo, Strada del Tamburino Sardo, 37066 Sommacampagna, Tel. +39/045/ 51 61 90, www.cantinatamburinosardo.it
- Villa Medici, Via Campagnol 9, 37066 Sommacampagna, Tel. +39/045/ 51 51 47, www.cantinavillamedici.it

Willkommen im mittelalterlichen Lazise

rend, wie nah der teilweise überbordende Tourismus am Lago dem Ursprünglichen und Ungeschmückten liegt.

Langsam und entspannt geht es weiter. Rechts ab geht es nach Rondinelli und fast schleicht man auf einer engen Straße durch die Weinfelder. Weit hinten sieht man im Dunst die Berge des Lago-Westufers. Plötzlich überquert man die Autobahn, die einen überrascht und wie ein Fremdkörper in der Stille wirkt. An der nächsten T-Kreuzung biegen wir links ab und folgen der Straße. Rechts taucht die Antica Osteria Busocaldo auf, eine einfache und typische Osteria mitten in den Weinfeldern. Sehr zu empfehlen für eine kleine Rast bei leckerem, authentischem Essen abseits der Touristenpfade. Besonders hervorzuheben sind die hausgemachten Ravioli und Tortellini oder das leckere Fleisch vom Grill.

Gleich nach der Osteria geht es links auf eine größere Straße, zurück über die Autobahn. Man verlässt hiermit fürs Erste die

Die Weinkellereien im Lugana

- Pilandro, Via del Pilandro 1, 25015 Desenzano del Garda, Tel: +39/030/991 03 63, www.pilandro.it
- Pasini San Giovanni, Via Videlle 2, 25080 Raffa di Puegnago, Tel. +39/0365/ 65 14 19, www.pasinisangiovanni.it
- Corte Sermana, Loc. Sermana 1a, 37019 Peschiera del Garda, Tel. +39/045/785 14 77, www.cortesermana.it
- Fraccaroli, Strada Berra 4, 37019 Peschiera del Garda, Tel. +39/045/755 09 49, www.fraccarolivini.it
- Cà Lojera, Via 1866, Loc. Rovizza, 25019 Sirmione, Tel. +39/030/91 95 50, www.calojera.com
- Ottella, Loc. Ottella 1, 37019 Peschiera, Tel. +39/045/ 755 19 50, www.ottella.it
- Ca' de Frati, Via Chiari 10, 52100 Arezzo, Tel. +39/0575/ 194 33 30, www.cadefrati.com
- Zenato, Via San Benedetto 8, 37019 Peschiera del Garda, Tel. +39/045/ 755 03 00, www.zenato.it

Weinfelder. Links auf einem Hügel taucht Pozzolengo auf. Bald fährt man durch einen Wald, durchschneidet Wiesen und passiert Maisfelder. Dann folgen wir wieder dem braunen Schild »Strada del Vino«, wie auch bei den nächsten Abzweigen oder Kreisverkehren. Auf einer Anhöhe hat man einen schönen Blick auf den Lago, die Weinfelder und die Burg von Solferino. Wer ihr einen Besuch abstatten will, biegt hier rechts ab.

Durch den kleinen Ort Solferino geht es hoch zur Burg – den mittelalterlichen Turm nannte Napoleon übrigens »Spion von Italien«. Wenn man oben steht und über das Land schaut, weiß man auch, warum. Der Blick und die Weitsicht, je nach Wetter, sind gigantisch. Umgeben ist der ehemalige Wohnturm von einem Park. Der Eintritt zur Burg ist frei.

Weiter geht es immer den braunen Schildern nach. Es ist ein ruhiges und entspanntes Dahingleiten hier im Hinterland des Lago. Man fährt durch sonnenbeschienene Weinfelder, ab und

Rast im Weinfeld

Rechte Seite: Lazise, enge Gässchen, kleiner Flitzer: passt

zu ein Maisfeld. Langsam führt uns die Weinstraße heraus aus dem Lugana und dem Bezirk Mantova und hinein ins Sommacampagna, das Gebiet des Bianco di Custoza im Bezirk Verona. Über die Visconti-Brücke und Borghetto gelangt man nach Valeggio – hier beginnt die Strada del Vino Bianco di Custoza.

Die Visconti-Brücke ist ein mittelalterlicher Staudamm, der 1393 bis 1395 von den Visconti errichtet wurde, einer der großen Familien Italiens, die lange Mailand und die Lombardei regierten. Jedes Jahr am 3. Juni findet hier das große Tortellini-Fest von Valeggio statt. Es ist das Festa del Nodo d'Amore, das Fest der Liebe. Daher macht es auch Sinn, dass die bis zu 4000 Gäste an einem einzigen langen Tisch auf der Brücke bewirtet werden. Borghetto liegt zu beiden Seiten des Flusses Mincio unterhalb der Visconti-Brücke. Früher war es ein Fischerdörfchen, heute tummeln sich die Touristen um die Restaurants und Bars. Der Filmklassiker »Sehnsucht« von Luchino Visconti wurde teilweise in Borghetto gedreht.

Zeit für ein Schlückchen Bianco. Direkt hinter Custoza zeigt ein Schild rechts in eine kleine Seitenstraße, hin zum Weingut Gorgo. Zu empfehlen sind hier neben den Schaumweinen der klassische Custoza DOC und vor allem der wunderbar mineralische Custoza DOC Podere San Michelin.

Die braunen Schilder weisen den Weg nach Sommacampagna. Bald sieht man rechts ein Schild, das uns zum Wohnhaus des Tamburino Sardo führt. Der Legende nach übermittelte dieser tapfere

Die weiße Eleganz – Lugana

Das Lugana befindet sich am südlichen Gardasee. Es verläuft von Desenzano über Sirmione bis Peschiera und im Hinterland von Pozzolengo bis Lonato. Der Lugana ist heute einer der erfolgreichsten italienischen Weine und entstand aus einer lokalen Variante des Trebbianos, dem Turbinia. Er ist ein schlanker Sommerwein, der nach exotischen Früchten und kandierten Zitrusfrüchten, manchmal auch nach Äpfeln und Blüten duftet. In sehr guten Jahren hat er eine feine Säure, ist ausdrucksstark, weich und anhaltend. Die Haupttrebsorte ist zu circa 90 Prozent Trebbiano di Soave.

Übernachten auf dem Weingut

Warum nicht gleich dort übernachten, wo der gute Wein herkommt? Der italienische Agriturismo-Verband bietet auf seiner Website schöne und qualitativ hochwertige Unterkünfte in den Weinbaugebieten Lugana und rund um Sommacampagna an. Das Team prüft jede der auf der Website vorgestellten Unterkünfte selbst, um den Qualitätsstandard sicherzustellen. Informationen: www.agriturismo.it.

sardische Soldat noch schwer verletzt Nachrichten zwischen den einzelnen Bataillonen. An ihn erinnert eine Inschrift an seinem Haus in Mondato und das gleichnamige Weingut. Die freundliche Besitzerin des Hauses führt Sie gerne in den Garten und zeigt Ihnen die Inschrift am Haus. An die österreichisch-italienischen Kriege von 1848 und 1866 weisen hier viele Gedenkstätten hin. Die beeindruckendste ist sicherlich das Ossario, das Beinhaus auf einem der Hügel um Custoza. Es wurde erst 2011 restauriert und erinnert an die gefallenen Soldaten.

Langsam geht es in den verschlafenen Ort Sommacampagna. Immer wieder bietet sich hier ein atemberaubend schöner Blick über die sanften, mit Wein bebauten Moränenhügel, die sich bis zum Gardasee hinziehen. Und genau dem nähert man sich langsam, aber sicher auch wieder. Vor Castellnuovo biegt man rechts ab nach Pastrengo. Es geht gemächlich bergab und obwohl man die Terra del Custoza schon verlassen hat, säumen Kilometer um Kilometer Weinreben die Straße. Es geht weiter in Richtung Lago und man gelangt auf einem schmalen und kurvenreichen Sträßchen direkt nach Lazise. Und immer noch hat man die Weintrauben an der Straße im Blick – und auch im Sinn, wenn man an den Ausklang des Tages denkt. Bianco di Custoza oder Lugana? Das möge nun jeder für sich selbst entscheiden. Für die Entscheidungsfindung empfiehlt sich der kleine und romantische Hafen in Lazise.

Linke Seite: Immer schön den braunen Schildern folgen!

Blick von Custoza auf Wein, Wein und nochmal Wein

Zugabe

Ein Buch alleine zu schreiben*, ist schon eine Aufgabe. Ein Buch zu zweit zu erarbeiten, macht die Sache nicht leichter. Aber zusammen mit seinem Ehepartner einen Cabrioreiseführer zu schreiben, ist die absolute Königsdisziplin. Das liegt aber nicht am Schreiben, sondern am Fahren: Einer sitzt immer daneben und muss die Karte lesen (können). Wir sind übrigens immer noch verheiratet.*

Wir hatten einen Riesenspaß, *unseren geliebten Lago neu kennenzulernen, tolle und anspruchsvolle Touren zu fahren und teilweise wirkliche Perlen abseits des Mainstreams zu entdecken. Das Buch macht Sinn für alle, die genau das wollen. Ob Sie nun mit dem Cabrio, dem Motorrad oder mit einem normalen Wagen unterwegs sind, ist eigentlich egal. Am meisten Laune macht es sicher mit dem Cabrio.*

Wir wünschen Ihnen viel Spaß, *fahren Sie vorsichtig und seien Sie friedlich. Auch wenn Sie sich verfahren: Rund um den Lago ist es überall schön und es gibt überall Sprizz.*

Herzlichst

Register

Ebenfalls erhältlich ...

ISBN 978-3-7343-0837-6

ISBN 978-3-7654-8729-3

ISBN 978-3-7654-6973-2

ISBN 978-3-7343-0284-8

BRUCKMANN

www.bruckmann.de

Impressum

Verantwortlich: Susanne Kaufmann
Lektorat: Christian Schneider
Layout: Eva-Maria Klaffenböck
Repro: Cromika
Kartografie: Bruckmann Verlag, Heidi Schmalfuß
Herstellung: Miriam Tönnes
Printed in Slovenia by Florjancic

★★★★★

Sind Sie mit diesem Titel zufrieden? Dann würden wir uns über Ihre Weiterempfehlung freuen. Erzählen Sie es im Freundeskreis, berichten Sie Ihrem Buchhändler, oder bewerten Sie bei Onlinekauf. Und wenn Sie Kritik, Korrekturen, Aktualisierungen haben, freuen wir uns über Ihre Nachricht an J. Berg Verlag, Postfach 40 02 09, D-80702 München oder per E-Mail an lektorat@verlagshaus.de.

Unser komplettes Programm finden Sie unter www.j-berg-verlag.de

Alle Angaben dieses Werkes wurden von den Autoren sorgfältig recherchiert und auf den neuesten Stand gebracht sowie vom Verlag geprüft. Für die Richtigkeit der Angaben kann jedoch keine Haftung übernommen werden, weshalb die Nutzung auf eigene Gefahr erfolgt. Insbesondere bei GPS-Daten können Abweichungen nicht ausgeschlossen werden.

Bildnachweis: Alle Fotos von den Autoren
Umschlagvorderseite: Auf dem Weg zum Lago di Tenno
Umschlagrückseite: Unterwegs von einem See zum anderen

Die Deutsche Nationalbibliothek verzeichnet diese Publikation in der Deutschen Nationalbibliografie; detaillierte bibliografische Daten sind im Internet über http://dnb.d-nb.de abrufbar.

Aktualisierte Neuauflage

ISBN 978-3-86246-098-4